Das Genießer-Handbuch
Haltbarmachen

Alle Techniken & Rezepte

GABRIELE GUGETZER

blv

Inhalt

Vorwort ... 6

Basiswissen ... 9

Die Techniken zum Haltbarmachen ... 25

Einmachen – ganz einfach ... 26
Dörren & Trocknen ... 88
Kandieren & Verzuckern ... 110
Haltbarmachen mit Alkohol ... 122
Essig, Öl & Sirup ... 132
Einsalzen & Gelieren ... 152

Richtig lecker: Reste ... 171

Stichwortverzeichnis ... 188
Rezeptverzeichnis ... 189
Bezugsquellen und Tipps von A bis Z ... 190
Über die Autorin / Über die Fotografin ... 191

Vorwort

Dass wir in einer schnelllebigen Wegwerfgesellschaft leben, ist eine Beobachtung, die immer wieder gerne behauptet und in Leitartikeln aufgegriffen wird. Schon seit den 1960er-Jahren, zu Zeiten der Hippies. Viel hat sich nicht geändert seitdem. Oder?

Doch. Denn von der schnelllebigen Wegwerfgesellschaft kann man sich wunderbar distanzieren, mehr noch, gleich ganz aus ihr entfernen. Indem man Dingen wieder Zeit lässt. Wie mit diesem Buch.

Sie halten es in der Hand, weil Sie Lust dazu haben, in der Küche ein bisschen mehr selbst zu machen. Vielleicht sind Sie gar kein leidenschaftlicher Koch, sondern tüfteln oder spielen gerne. Vielleicht haben Sie aber gerade einen weiteren schwergewichtigen Wocheneinkauf hinter sich und sich beim Schleppen von Gläsern und Konserven gefragt, ob es nicht sehr viel mehr Spaß machen würde, Gürkchen, Marmelade und Chiliöl ganz einfach selbst zu machen, in ansprechende Gläser und Flaschen umzufüllen und diese Ausbeute bei jedem Gang in die Küche als essbarsten Teil der Zimmerdekoration wiederzusehen und natürlich auch ein bisschen zu bewundern.

Genau darum geht es in diesem Buch: etwas selbst zu machen. **Ohne großen Aufwand, ohne neues Küchenzubehör, sogar ohne viel Küchenwissen. Dafür aber garantiert mit Spaß.**

Wenn Sie viel kochen, dann kennen Sie das vielleicht. Das, was Sie kochen, haben Familie und Freunde innerhalb kürzester Zeit inhaliert. Es ist einfach weg! Idealerweise haben sich während des Essens schöne Gespräche entwickelt und Sie schon währenddessen das Gefühl, dass es allen am Tisch schmeckt. Doch nach kurzer Zeit ist der Zauber vorbei, für den Sie so lange in der Küche gestanden haben.

Das wird Ihnen beim Haltbarmachen nicht passieren. Denn Haltbarmachen funktioniert genau andersherum wie das Kochen. Es braucht Zeit, aber kaum die Ihre.

Mehr noch: Kandieren, mit Alkohol versetzen, einsalzen, an der Luft zu trocknen … das sind Vorgänge, die mich immer wieder an **alchimistische Prozesse** denken und staunen lassen. Wie aus ein paar selbst gesammelten Pilzen und gutem Salz ein Pilzsalz wird, über das sich der Beschenkte zu Weihnachten richtig freut (wenn ich es nicht vorher schon als geheime Zutat über ein Steak gestreut habe).

Wie aus Orangen fein duftende Gewürzpomander werden, die zum Luftschnuppern in der Wohnung einladen, ganz im Gegensatz zu künstlich aromatisierten Kerzen aus dem Supermarkt.

Welche Freude man Allergikern mit selbst getrocknetem, ungeschwefeltem Obst machen kann.

Dass Wasser, Salz und ein paar Tage Zeit aus schlichten Salatgurken knackige Gemüsesticks machen, die prima zum Wurstbrot passen und sogar ein gemütliches Abendbrot in größerer Runde aufrüschen können.

Wie schon gesagt: **Zeit gehört immer dazu, wenn Sie selbst haltbar machen wollen. Aber: Es ist größtenteils nicht Ihre Zeit.** Sie sind nur bei der Vorbereitung gefragt. Was dann alchimistisch (oder magisch) passiert, wenn Mangostreifen trocknen, ihre Konsistenz verändern und hinterher noch viel aromatischer schmecken, das müssen Sie nicht physisch begleiten. Eine frisch gestrichene Wand trocknet ja auch, ohne dass Sie ihr dabei zuschauen.

Ähnliches passiert mit saftigreifen Tomaten, aus denen mit Wärme und Zeit getrocknete Tomaten werden, die ewig halten, fein geraspelt in pikanten Küchlein schmecken, im Ganzen Eintöpfen eine pfiffige Würze geben und in Öl eingelegt bei allen Büfetts, die ich je bestückt habe, ein großer Erfolg waren, besonders wenn sie später in Wein gekocht wurden …

Kein Wunder: Haltbarmachen liegt eindeutig im Trend. Es passt auch deshalb so gut in unsere Zeit, weil wir anstelle von billigen Lebensmitteln, die sich viel leichter verschwenden und wegwerfen lassen, wieder qualitätvolle Lebensmittel zu unserem kulinarischen Mittelpunkt machen wollen.

Damit verbunden ist die Frage nach dem ökologischen Fußabdruck, den ein Lebensmittel bei seiner Herstellung hinterlässt. Wenn es sich um **Saisonales** handelt, ist dieser Fußabdruck natürlich niedriger. Saisonales hat überdies den Vorteil, dass es genau zu diesem Zeitpunkt reif ist, also auch am leckersten schmeckt. Was also macht man damit?

Vielleicht Tannenspitzengelee oder, wenn es nicht ganz so exotisch sein soll, Himbeergelee oder Fruchtkäse oder Sauerkraut oder ein relativ verschärftes südkoreanisches Kimchi – denn wir Deutschen sind natürlich nicht die Einzigen, die eine lange Tradition beim Haltbarmachen vorweisen können.

Ein Überangebot an auf den Punkt gereiften Lebensmitteln bedeutet überdies: es kostet nicht viel. Das Geld sitzt bei den meisten von uns nicht mehr so locker, weil – oder ist das nur meine verschobene Wahrnehmung? – einfach nicht mehr so viel davon da ist wie früher. **Saisonales verarbeiten ist schlichtweg gut für den Geldbeutel.** Haltbarmachen gibt der saisonalen Verarbeitung den großen Spielraum, den Pfiff, die Würze, das gewisse Etwas.

Aber auch Leckeres mit einem leichten Retrotouch, das man so in keinem Lebensmittelregal findet, die Omi aber noch ganz selbstverständlich zubereiten konnte, vom Quittenbrot über kandierte Rosenblätter bis zum Himbeersirup, lässt sich ganz leicht selbst machen.

Ganz leicht – damit ist auch gemeint, dass sich dieses Handbuch leicht und unterhaltsam lesen lässt, Lust auf Altmodisches und Exotisches wecken, aber vor allen Dingen Lust darauf machen soll, spätestens beim dritten Rezept in die Küche zu gehen und zu schauen, ob sich das nicht auch sofort umsetzen ließe.

Deshalb sind die Portionen nicht, wie früher üblich, für Großfamilien geschrieben und machen ganze Arbeitstage erforderlich. Sondern es soll Sie mit kleinen Portionen, selbst in Einzelgläsern gedacht, zum kreativen Mitmachen inspirieren. Vielleicht haben Sie grüne Bohnen und Blumenkohl im Kühlschrank. Noch einige Aromengeber dazu (und natürlich etwas Zeit), und Sie zaubern eine ungewöhnliche Beilage zu Käse. Oder Sie haben frische Maiskolben und Tomaten. Und mit einigen weiteren Handgriffen (und natürlich auch wiederum etwas Zeit) ein leckeres Relish zum Grillabend komponiert.

Es lohnt sich sogar, aus einer Handvoll Beeren und Gelierzucker das erste Gläschen Marmelade zuzubereiten. Also, an *mein* erstes Gläschen selbst gemachte Marmelade kann ich mich jedenfalls noch gut erinnern. Es waren Mirabellen mit einem Schuss Schnaps (und ich hinterher ziemlich beschwipst).

Viel Spaß dabei!

Basiswissen

Vom hochmodernen Hochleistungspürierstab bis zum altmodischen Dampfentsafter, vom Bindfaden bis zum Twist-off-Glas, vom richtigen Einkaufen bis zum korrekten Umgang mit einer Flotten Lotte … wenn Sie über solche Dinge Bescheid wissen, dann macht das Werkeln in der Küche gleich viel mehr Spaß, einfach, weil's leichter geht und Sie dank etwas Vorausplanung auch mal ganz spontan sein können.

Schlaues Einkaufen, Bevorraten und Verwerten

In diesem Basiskapitel ist alles zusammengestellt, was Sie wissen müssen, wenn es um das Haltbarmachen geht. Denn das fängt nicht beim Einkochen von Marmelade und Einlegen von Gemüse an, sondern schon bei der Frage, wo und wie Kartoffeln am besten gelagert werden, um nicht zu verderben und ob sich Erdbeeren oder Orangen eigentlich auch einfrieren lassen.

Der richtige Umgang mit Lebensmitteln, die Grundausstattung einer Küche, ob mit modernster Technik eingerichtet oder nur mit ein paar Schränken, das richtige Einkaufen, das Geld spart, die richtige Lagerung von Mehl, Müsli & Co. und was sich Schlaues, Schnelles und Schmackhaftes aus Resten zubereiten lässt, sind die Themen in diesem Kapitel. Egal, ob Sie mit Ihrer Familie auf dem Land oder in einer Riesen-WG in einer Großstadt wohnen oder als Solist gerne Freunde bewirten, ist dieses Grundwissen, leicht lesbar aufbereitet, wichtig.

Der richtige Umgang mit Lebensmitteln

Lagern bei Zimmertemperatur, im Kühlschrank oder im Tiefkühlfach bzw. in der Tiefkühltruhe – hier erfahren Sie, wie Sie Lebensmittel richtig behandeln.

Brot
Gutes, gehaltvolles, langsam gebackenes Brot hält sich im Gegensatz zum schnell gebackenen Brot mehrere Tage. Sauerteigbrot ist besonders lange haltbar. Lagern Sie es in einer entsprechenden Brotbox oder in einem Steinguttopf. Ein ausgedienter Römertopf eignet sich auch. Bäcker, die nicht mit Backmischungen arbeiten, sondern noch in einer richtigen Backstube ihr Brot auf die langsame Art herstellen, empfehlen zur Lagerung auch ein beschichtetes Papier, ähnlich dem Papier vom Käsehändler. Brot lässt sich sehr gut einfrieren, am Stück besser als in Scheiben.

Eier
Überraschenderweise gibt es zur Lagerung von Eiern zwei völlig konträre Meinungen. Entweder sollen sie gekühlt oder bei Zimmertemperatur aufbewahrt werden. Wird das Ei frisch gekauft und stammt es aus einem guten Betrieb, sollte es problemlos eine Woche bei Zimmertemperatur in der Küche überstehen. Ich persönlich ziehe den Kühlschrank vor und bewahre die Eier in der dafür vorgesehenen Schale auf. Wenn ich Eier roh verarbeite, beispielsweise für Mayonnaise, wasche ich die Schale vorher kalt ab; dort sitzen Bakterien. Eier aus industrieller Produktion werden vor dem Verkauf allerdings sowieso gewaschen.

Fisch
Bei kaum einem Lebensmittel ist die ununterbrochene Kühlkette so wichtig wie bei Fisch. Ob er frisch ist, erkennen Sie bei einem ganzen Fisch nicht etwa an den roten Kiemen; die werden mittlerweile eingefärbt, um Frische vorzutäuschen. Ein frischer Fisch ist mit einem leichten Schleim überzogen, riecht absolut nach nichts, und seine Augen sind klar. Bereits portionierter Fisch sollte ebenfalls nach nichts riechen und in großen Stücken oder Seiten auf Eis aufbewahrt sein, wenn Sie ihn kaufen. Sie können ihn eingewickelt einige Stunden im Kühlschrank aufbewahren, alternativ in eine flache Schale legen, die auf gecrushtem Eis steht – ebenfalls im Kühlschrank. Frischer Fisch sollte maximal zwei Tage nach dem Kauf verbraucht werden.

Fleisch
Auch für Fleisch ist eine ununterbrochene Kühlkette überaus wichtig, denn es verdirbt schnell. Bewahren Sie frisches Fleisch immer im Kühlschrank auf, in einer Schüssel, die mit einer kleineren Schüssel abgedeckt

ist, ohne luftdicht verschlossen zu sein. Hackfleisch und Zubereitungen wie Thüringer Mett müssen am Tag des Kaufs verzehrt werden. Abgepacktes Hackfleisch, das einen Haltbarkeitswert von mehreren Tagen hat, wurde zur Haltbarmachung begast. Ich persönlich würde so etwas nicht essen.

Gemüse

Die meisten Gemüsesorten können im Gemüsefach des Kühlschranks bedenkenlos mehrere Tage lagern, auch wenn sie an Vitaminen verlieren. Wenn sie blanchiert werden, eignen sich viele Gemüsesorten auch gut für das Einfrieren (Ausnahmen weiter unten).

Kartoffeln lagern an einem kühlen, dunklen Ort, idealerweise in der Speisekammer, im Keller oder in einer Papiertüte ohne Lichteinwirkung verpackt in der Küche. Die Kälte des Kühlschranks beeinflusst ihren Geschmack: sie schmecken dann (unangehm) süß und keimen schnell. Keimlinge an den Kartoffeln sind zwar nicht gesundheitsschädlich, aber sie entziehen der Knolle Saft. Die grün verfärbten Stellen jedoch sind nicht unbedenklich: Sie enthalten Solanin, das Kopf- und Halsschmerzen verursachen kann (Achtung: Schwangere müssen sogar sehr vorsichtig sein). Entfernen Sie vor dem Kochen die Keime und schneiden Sie die grün verfärbten Stellen großzügig weg. Apropos Kochwasser: Ich backe mein Brot selbst und friere dazu Kartoffelkochwasser ein. Es enthält Stärke und lässt das Brot schön locker aufgehen.

Möhren halten am besten in ein feuchtes Küchenhandtuch eingeschlagen, aufbewahrt im Gemüsefach des Kühlschranks. Das Grün sollte zwar gekappt werden, aber bitte schneiden Sie es nicht direkt am Wurzelansatz, sondern etwa einen halben Zentimeter darüber ab. Dann trocknen die Möhren an der Schnittstelle nicht aus.

Radieschen und **Rettich** vom Grün befreien, waschen, trockentupfen und in einem feuchten Tuch oder einem gelochten Plastikbeutel im Kühlschrank aufbewahren.

Spinat und **Mangold** halten sich, wenn sie verlesen, in eiskaltem Wasser gewaschen und in einem Küchentuch getrocknet wurden, noch etwa drei Tage im Gemüsefachs des Kühlschranks, eingepackt in eine Plastiktüte oder in eine mit feinen Löchern versehene Lagertüte für den Kühlschrank, die von einigen Herstellern angeboten werden.

Salat ist auch nach mehreren Tagen noch knackig-frisch, wenn er als ganzer Kopf in einem Frischhaltebeutel in der Gemüsebox des Kühlschranks aufbewahrt wird. Doch leider gehen bei der längeren Lagerung viele Vitamine verloren. Wenn Sie Salat also als Vitaminspender schätzen, lieber nicht auf Vorrat kaufen.

Tomaten schmecken nicht nur aromatischer, wenn sie bei Zimmertemperatur aufbewahrt werden. Ihre Konsistenz ist auch viel besser. Zwar halten sie im Kühlschrank länger, aber sie werden matschig.

Zwiebeln, **Schalotten** und **Knoblauch** müssen an einem dunklen und belüfteten Ort lagern. Ein altmodisches Zwiebelfass aus Keramik mit Luftlöchern ist ideal. Alternativ können Sie sich so ein Zwiebelfass auch platzsparend selbst machen, nämlich aus einer Papiertüte, in die Sie mit einem herkömmlichen Locher Löcher stanzen. Dann kann eine solche Tüte auch im offenen Regal lagern. Für Knoblauch und Schalotten funktionieren solche Tüten ebenfalls wunderbar; sie können sie dann auch im Küchenschrank oder in der Speisekammer aufbewahren. Verwenden Sie bereits weich gewordene Zwiebeln und Schalotten sofort, sie werden sonst schimmelig und matschig. Dann sind sie nicht mehr unbedenklich zu verzehren und stecken überdies gesunde Lebensmittel an.

Getreide

Haferflocken, Reis und anderes Getreide (für Bratlinge oder Müsli) müssen trocken, dunkel, eher kühl (bis maximal 20 °C) und luftdicht aufbewahrt werden, damit sich keine Schädlinge einnisten können. Auch Feuchtigkeit kann Getreide verderben.

Gewürze

Das klassische Gewürzregal, griffbereit direkt über dem Herd, ist zwar praktisch und überaus dekorativ, aber leider keine gute Idee. Wenn Gewürze etwas nicht verträgt, dann ist es Wärme, wie sie beispielsweise vom Herd aufsteigt. Sie mögen auch kein Licht und sollten deshalb in dunklen, gut verschließbaren Glasdöschen (Apotheke) aufbewahrt werden. Ausgemahlene Gewürze verlieren ihr Aroma schneller, aber ganz generell gilt, dass ein Gewürzvorrat, am besten im Küchenschrank aufbewahrt, sowieso mindestens einmal im Jahr ersetzt werden sollte, und zwar auch, weil Gewürze bei längerer Lagerung muffig werden können.

Käse

Käse, den Sie frisch auf dem Wochenmarkt gekauft haben, wird Ihnen in einem beschichteten Papier verkauft, in dem er sich in der Kühlung auch mehrere Tage hält. Es gibt überdies spezielle Kühlschrankdosen, in denen Käse ohne Verpackung aufbewahrt werden kann. Geben Sie ein Stück Würfelzucker mit in die Dose, das zieht Feuchtigkeit. Wenn Sie eine kühle Speisekammer haben, lagert Käse dort am besten, unter einer Käseglocke. Wenn Sie Käsereste haben, können Sie diese fein raspeln und in einer Gefriertüte über mehrere Monate in der Tiefkühltruhe lagern. Solche Raspel lassen sich vielseitig verwenden, für ein Käsefondue, eine Käsesahnesauce für Pastagerichte, ein Kartoffelgratin mit Käse oder als knusprig-aromatische Kruste für überbackenen Blumenkohl oder Brokkoli. Solch geraspelter Käse kann unaufgetaut verwendet werden und überbackt in der Not auch schnell ein Toastbrot mit Schinken.

Kräuter

Frisch gekaufte Kräuter halten sich am besten, wenn sie mit viel Luft fest in eine kleine Plastiktüte eingebunden

Selbst getrocknete Kräuter fürs Gewürzregal sparen Geld und man weiß, wo sie herkommen.

und im Kühlschrank aufbewahrt werden. Der Trick, Kräutersträuße in kaltes Wasser zu setzen, klappt nur zeitlich bedingt (etwa 1 Tag). Rosmarin und Thymian lassen sich abgerebelt sehr gut einfrieren. Auch gehackte Petersilie oder Dill haben nichts gegen einen Kälteschock. Basilikum oder Koriandergrün hingegen eignen sich nicht dafür; um sie haltbar zu machen, ist es geschickter, sie mit Nüssen zu einem Pesto zu verarbeiten und dieses mit Öl zu versiegeln.

Mehl

Mehl muss wie Getreide an einem kühlen, dunklen Ort luftdicht verschlossen aufbewahrt werden. Ich habe immer mehrere Mehle in Gebrauch, vom Vollkornmehl über doppelgriffiges Mehl bis zum Dinkelmehl. Damit diese nicht verderben, bewahre ich sie in entsprechend beschrifteteten Plastikbeuteln mit festem Verschluss (beispielsweise Ziploc®-Beuteln) auf, die so stabil sind, dass sie wiederverwendet werden können.

Nüsse

Aufgrund ihres hohen Fettgehalts können Nüsse leicht ranzig werden, deshalb gehören sie unbedingt in die Kühlung und lassen sich auch gut einfrieren. Sie können tiefgefroren verwendet werden.

Obst

Obst lagert besser bei kühlerer Zimmertemperatur und Äpfel lagern am besten allein. Denn **Äpfel** geben Äthylen ab, das anderes Obst und Gemüse schneller reifen und damit auch schneller verderben lässt. Im Umkehrschluss kann ein Apfel beim Nachreifen helfen.

Beeren schmecken natürlich am besten frisch aus der Hand oder als Kuchenfüllung und -belag. Aber viele Beeren, darunter **Blaubeeren, Brombeeren** und **Johannisbeeren,** lassen sich gut einfrieren. Waschen Sie sie vor dem Einfrieren bitte nicht, sonst werden sie matschig. Frieren Sie die Beeren immer getrennt ein, und zwar zuerst auf einem Backblech. Sind die Beeren angefroren und fest genug, um nicht gegeneinanderzustoßen, können Sie sie in Gefrierbeutel umfüllen und bis zu etwa 8 Monate unbedenklich einfrieren. Um so viel Luft wie möglich aus dem Gefrierbeutel zu holen, hilft der alte Trick mit dem Strohhalm: einfach in den befüllten Beutel halten und die Luft herausziehen.

Erdbeeren lassen sich zwar einfrieren, werden aber beim Auftauen je nach verwendeter Sorte schnell matschig und verfärben sich unschön ins Rostbraune. Wenn Sie sie gleich mit etwas Zuckersirup einfrieren (rechnen Sie auf 500 g Erdbeeren 100 g Zucker, den Sie mit 200 ml Wasser zu einem Sirup verköchelt haben), können Sie sie später wunderbar als Sauce oder zu einer Kuchenfüllung umfunktionieren. Frieren Sie solche Erdbeeren in kleineren Gefrierbeuteln ein, denn eine portionierte Entnahme ist schier unmöglich, weil die Erdbeeren zu einem soliden Block einfrieren. Alternativ können Sie auch einen Eiswürfelbehälter zweckentfremden und die Erdbeeren in Sirup – vielleicht pürieren Sie sie vorher – in einem solchen Liliput-Format einfrieren.

Die empfindlichen **Himbeeren** können Sie auch einzuckern und dann einfrieren. Dann halten sie länger und bewahren auch ihre Farbe besser. Rechnen Sie auf ein Pfund Himbeeren 3 EL feinsten Zucker. Verrühren Sie die sorgfältig verlesenen Himbeeren mit dem Zucker, lassen Sie das Obst etwas stehen, bis sich der Zucker gelöst hat, und lassen Sie die Himbeeren dann erst auf einem Backblech anfrieren. Danach in Gefrierbeuteln einfrieren.

Generell halten sich Himbeeren und Erdbeeren am besten in einer Speisekammer. Im Kühlschrank verlieren sie schnell an Aroma und Textur; aus einer prallen, aromatischen, saftigen Erdbeere oder einer samtig-saftigen Himbeere wird dann schnell ein Obstmatsch im Mund. Im Gegensatz zu Blaubeeren oder Brombeeren gilt bei diesen empfindlichen Früchtchen, dass sie am besten am gleichen Tag verzehrt oder weiterverarbeitet werden.

Öle

Öle sind unterschiedlich lange haltbar. Ein klassisches Sonnenblumenöl kann im Küchenschrank gelagert werden, aber Nussöle oder ein Kürbiskernöl können ranzig werden und gehören wie Olivenöle (es sei denn, Sie kochen viel damit) in den Kühlschrank.

Pilze

Pilze können einige Tage lose in der Kühlung im Gemüsefach überstehen, aber ihre Konsistenz leidet. Am besten frisch verarbeiten.

Südfrüchte

Die richtige Lagerung von **Bananen** ist eine Wissenschaft; immerhin gibt es den (gut bezahlten) Beruf des Bananenreifers, der bei den Containerlieferungen genau bestimmen kann, wann Bananen den richtigen Reifegrad für eine Auslieferung an den Endverbraucher haben. Sind sie noch grün, können sie mit einem Apfel über Nacht gereift werden. Haben Sie zu viel gekauft, können Sie den Reifeprozess durch Kühlung stoppen. Die Bananen können mehrere Tage im Gemüsefach des Kühlschranks überstehen, ohne an Aroma zu verlieren. Wenn Bananen richtig reif sind, sind sie außen unansehnlich – die Schale ist nun fast schwarz –, innen jedoch besonders süß und cremig. Solch überreife Bananen schmecken besonders gut in Bananenmilch, einem Smoothie und können auch süß verbacken werden, beispielsweise als Bananenbrot. Für ein solches Bananenbrot brauchen Sie 200 g Butter und 150 g Zucker, die cremig geschlagen werden. Dann kommen 2 Eier dazu, 2 reife, fein gehackte Bananen, 200 g Mehl, 1½ TL Natron und 100 g Nüsse nach Belieben. Der Teig wird bei 180 °C in einer Kastenform etwa 55 Minuten gebacken.

Kiwifrüchte lassen sich, wenn sie reif sind, noch mehrere Tage im Gemüsefach des Kühlschranks aufbewahren.

Melonen hingegen mögen keine Kälte. Sie lagern bei Zimmertemperatur am besten. Im Kühlschrank verlieren sie nicht nur schnell an Aroma, sondern bekommen auch eine fast an Gummi erinnernde Konsistenz.

Beim Kauf von **Zitrusfrüchten** solche wählen, die nicht verfärbt sind und sich schwer in der Hand anfühlen; dann sind sie noch nicht ausgetrocknet, falsch gelagert oder alt. Sie halten bei Zimmertemperatur bis zu einigen Wochen. In einer Plastiktüte halten sich Orangen auch im Gemüsefach des Kühlschranks, wobei ich bei einem Überschuss an Zitrusfrüchten lieber den frisch gepressten Saft oder die frisch geriebene Schale (von unbehandelten Zitrusfrüchten) einfriere. Beides hält problemlos mehrere Monate in der TK-Truhe; die Schale am besten vorportioniert in Eiswürfelbehältern. Ganze Zitrusfrüchte lassen sich jedoch nicht einfrieren. Ein auch optisch sehr ansprechender Nachtisch sind jedoch ausgehöhlte und vom Weißen befreite Zitrusschalen, die Sie mit Eiscreme befüllen und dann einfrieren (am besten erst auf einem Backblech, danach in einen Gefrierbeutel umgefüllt).

Ananas am besten reif kaufen (wenn sich innenliegende kleine Blätter aus der Krone leicht herausziehen lassen, ist das ein Indiz für Reife) und innerhalb einiger Tage verwenden. Alternativ in einem perforierten Lebensmittelbeutel im Gemüsefach des Kühlschranks aufbewahren; auf diese Weise hält sie noch mehrere Tage zusätzlich. Oder in Stückchen geschnitten und im aufgefangenen Ananassaft einfrieren; dann hält sie mehrere Monate.

Einfrieren von Lebensmitteln

Das Einfrieren ist eine bewährte Methode der Haltbarmachung. Nicht alles lässt sich jedoch erfolgreich einfrieren – gekochte Pasta beispielsweise, Torten, Zitrusfrüchte und anderes Obst und Gemüse mit einem hohen Wassergehalt wie beispielsweise Salatgurken (von Salat selbst ganz zu schweigen). Auch tötet der Einfriervorgang Mikroorganismen nicht ab, sondern versetzt sie nur in eine Art eisgekühlten Winterschlaf. Die Faustregel:

Lebensmittel müssen schnell eingefroren werden, sie müssen langsam auftauen und dann umgehend verarbeitet werden. Fisch und Fleisch sollten Sie, nur damit's schneller geht, auf keinen Fall direkt aus der TK-Truhe nehmen und mit heißem Wasser »auftauen«. Wenn überhaupt, nur mit kaltem Wasser. Und idealerweise aus der Verpackung nehmen und im Kühlschrank leicht abgedeckt über Nacht auftauen lassen. Für Geflügel gilt das ganz besonders.

Fast alle Gemüsesorten können vor dem Einfrieren blanchiert, also mit kochendem Wasser überbrüht werden. Das tötet die Enzyme ab, das Gemüse reift nicht mehr weiter.

Schneiden Sie das Einfriergut bereits so zurecht, wie Sie es hinterher servieren wollen. Verpacken Sie das Einzufrierende in Einfrierbeutel, die Sie unbedingt beschriften sollten, verwenden Sie eher kleine Portionsgrößen und mischen Sie keine Lebensmittel, denn eine Entnahme gestaltet sich oft schwierig. Selbst wenn Sie nicht so tüddelig sind wie ich (manchmal).

Welche Lebensmittel-Grundausstattung für welchen Lagerraum?

Wenn Sie wie ich mittendrin in einer Großstadt wohnen, dann ist eine Speisekammer für Sie sicherlich ebenso illusorisch wie ein Parkplatz vor der Haustür. Dabei ist eine Speisekammer wesentlich mehr als nur der Ort, in dem die Einkäufe und Wasserflaschen verstaut werden nach dem Motto »Tür zu!«. Eine **Speisekammer** hatte früher jede Wohnung und das aus gutem Grund: Sie war kühler, Lebensmittel hielten sich entsprechend länger und lagerten gut belüftet und überdies kostengünstig: Das Lagern verbrauchte keinen Strom. Eine **sinnvolle Grundausstattung an Lebensmitteln** für die Speisekammer sind Kartoffeln in einem Sack oder einer braunen Papiertüte, Reis in einem gut verschließbaren Behälter, Trockenpasta in der Verpackung, Knoblauch und Zwiebeln in einem Sack oder einer Papiertüte, Salatgurken und Paprikaschoten, Öle, Senf und Essige, eine Dauerwurst, aufhängt an einem Nagel, damit sie von allen Seiten belüftet ist, eine Käseglocke, in der schnittfeste und feste Käsesorten lagern, Zitrusfrüchte und Obst wie Äpfel, Bananen und Melonen. Eier, Tee und Kaffee lagern ebenfalls prima in der Speisekammer; Kaffee in einer speziellen Kaffeedose, die sehr gut verschließt, damit das Aroma nicht verfliegt.

Dank des Stauraums in einer Speisekammer können Sie, auch mit Blick auf Sonderangebote, einen praktischen Vorrat an Konserven aufbauen und sparen sich so häufige Einkaufsgänge.

Wenn Sie nur **einige Küchenschränke** zum Lagern besitzen, dann fällt Ihr Grundvorrat aus Platzgründen natürlich etwas kleiner aus, ohne jedoch an Qualität zu verlieren. Ein **Grundvorrat** besteht aus Pasta, Reis, Zwiebeln und Konserven wie Dosentomaten oder Erbsen. Auch eine Brühe im Glas kann gut gelagert werden; sobald sie angebrochen ist, können Sie sie in Eiswürfelbehälter umfüllen und einfrieren. Honig und Marmeladen können dort ebenfalls gut gelagert werden. Wenn Sie Marmeladen selbst machen und einen niedrigen Zuckergehalt bevorzugen, gehören diese allerdings nach dem Öffnen in den Kühlschrank oder sogar in die TK-Truhe. Kartoffeln hingegen lagern im Küchenschrank, wenn er kühl ist und sich nicht in Herdnähe befindet, gut. Sie dürfen ebenfalls kein Licht bekommen.

Im Küchenschrank lassen sich auch **Gewürze** am besten bevorraten, wobei es empfehlenswert ist, lieber in kleine Mengen zu investieren, denn auch das professionell gelagerte Gewürz büßt irgendwann (etwa nach 12 Monaten) doch viel von seiner Aromatik ein. Meine Gewürze habe ich, da ich gerne international koche, nach Regionen sortiert (die TK-Truhe ebenfalls). Aufbewahrt sind sie in indischen Gewürzdosen aus Blech, die es in gut sortierten Asienläden für kleines Geld gibt. In solchen Dosen ist meist Platz für sieben offene

Schälchen, darüber deckt ein erster Deckel die Schälchen ab und ein zweiter Deckel verschließt die ganze Dose. Auch sehr gut zur Aufbewahrung von Gewürzen sind Mühlen, die es mittlerweile für jeden Geldbeutel gibt. Ich recycle gerne Mühlen mit Gewürzsalzen, aber natürlich können Sie Geld auch in ein Peugeot-Mahlwerk investieren. Neben Salz und Pfeffer (in der Mühle) sollte es in einer Grundausstattung an Gewürzen etwas Scharfes geben (ganze getrocknete Chilis, Chilipulver, Cayennepfeffer), einige Alleskönner, die wie Zimt, Muskatnuss, Nelken oder Piment sowohl in der würzigen als auch in der süßen Küche gut zur Geltung kommen, etwas für die herzhafte Küche, beispielsweise Majoran, der prima für Fleischgerichte ist, und Lorbeerblätter, die Suppen und Eintöpfe verfeinern, Oregano für die italienische Küche und eine Currymischung für die indische und vielleicht noch eine Vanilleschote, die so viel betörender nach Vanille schmeckt als die Essenzen, die meist keine echte Vanille enthalten.

Auch Saucen lassen sich im Küchenschrank am besten aufbewahren. Sojasauce ist nicht nur etwas für Sushifans, sondern auch eine Geheimwaffe zum würzigen Abschmecken von Fleischgerichten (und Hackbällchen), Hoisin-Sauce und Fischsauce würzen Eintöpfe und Gemüse, und mindestens eine scharfe Sauce gehört eigentlich in jeden Küchenschrank und sei es nur, um die sonntäglichen Rühreier aufzupeppen.

Kräuterbunde lagern wie vieles Obst und Gemüse und natürlich frisches Fisch und Fleisch am besten im Kühlschrank. Petersilie, Schnittlauch und Dill habe ich das ganze Jahr über vorrätig, denn sie geben Würze, Vitamine und eine appetitliche Optik. Koriandergrün ist für jemanden wie mich, der die asiatische Küche liebt, ebenso unverzichtbar wie Thai-Basilikum. Beides wird importiert (der heimische Koriander schmeckt als Kraut merklich anders) und hält entsprechend kurz, auch im Kühlschrank.

Selbst Eingemachtes wie Kompott oder eingelegtes Gemüse wird, wenn möglich, im Keller gelagert.

Auf den Balkon gehören Sommerkräuter im Topf wie Basilikum, Kerbel und Schnittlauch.

Im **Keller** lagerten unsere Großeltern neben Gläsern mit Eingemachtem, Sirupen und Angesetztem vor allen Dingen Kartoffeln. Doch die Praxis, mehrere Zentner als Wintervorrat einzukaufen, das haben mir mehrere Kartoffelbauern berichtet, die gebe es heute nicht mehr. Im Keller sind Konserven in größeren Mengen, die eigenen eingemachten Vorräte und vor allen Dingen Getränke perfekt aufgehoben.

Für die Lagerung von Weinen reicht ein billiges Regal aus dem Baumarkt völlig aus. Rotweine können in einem trockenen, kühlen Keller je nach Qualität über viele Jahre lagern, wenn sie einen Korkverschluss haben. Rotweine mit Schraubverschluss sind wie Roséweine und die meisten Weißweine zum baldigen Konsum bestimmt. Ob Sie Ihre Weißweine spritzig-frisch mögen und jung trinken oder sie einige Jahre liegen lassen, ist reine Geschmackssache. Zu asiatischen Gerichten oder Sushi passen beispielsweise Weißweine, die zwei oder drei Jahre alt sind.

Sekt und Champagner können zwar länger lagern, sind aber eigentlich nicht dafür gemacht. Sie sind trinkreif, wenn sie die Kellerei verlassen, und werden mit zunehmender Lagerung nicht wirklich besser. Jahrgangschampagner können länger gelagert werden, aber über die mögliche Dauer der Lagerung sind sich die Champagnerexperten in keinster Weise einig. Die Zeitspanne, für die sie plädieren, liegt zwischen zwei bis dreißig Jahren! Dann allerdings hat sich das Prickeln, die Perlage, schon verflüchtigt, die für viele Menschen fast das Wichtigste am Champagner ist.

Generell gilt bei Getränken: kühl und dunkel lagern.

Angebrochenes Bier gehört in den Kühlschrank, geöffneter Weißwein ebenso. Und ein geöffneter Schaumwein hält sich nur mit einem entsprechenden luftdichten Verschluss noch etwa einen Tag im Kühlschrank; der Trick mit dem Silberlöffel sieht zwar lustig aus, funktioniert aber nicht.

Auch ein **Dachboden** ist mittlerweile selten geworden und ein Grund, warum in diesem Buch keine Anleitungen zum selbst Wursten enthalten sind. Wenn Sie diesen Arbeitsplatz haben, dann können Sie besonders beim Trocknen von Lebensmitteln wirkliche Erfolge erzielen. Luftzirkulation ist der Erfolgsgarant. Alternativ tut es natürlich auch ein Dörrautomat oder, wenn Sie nur ab und zu trocknen und dörren wollen, auch der Backofen.

Mit etwas Vorausplanung können Sie Ihrer Kreativität freien Lauf lassen. Vielleicht finden Sie im Keller oder in einer sonst eher unbelebten Ecke Ihrer Küche etwas Platz für einen großen Korb mit der Basisausrüstung zum Haltbarmachen. Gelierzucker, Salz oder Essig kön-

Ein belüfteter Dachboden ist Voraussetzung zum Wursten.

nen Sie dann auch in größerer Menge bevorraten und dazustellen.

Ein Grundvorrat an Konserven

Egal, wie groß Ihre Küche ist und wie viele Menschen sich auf Ihre Kochkünste freuen, ein Grundvorrat an Konserven ist der beste Helfer in der Not. Erbsen aus der Dose sind fast unverzichtbar. Mit ihnen lassen sich Reisgerichte aufpeppen, eine fixe Beilage zaubern oder ein pikant gewürzter Dip (pürieren Sie dazu die Erbsen mit etwas Olivenöl und Parmesankäse).

Auch Tomaten aus der Dose (ich habe sie in mehreren Größen vorrätig) sind Allzweckwaffen. Drei meiner Basics in der Küche mache ich mit Dosentomaten: eine einfache Tomatensuppe aus erwärmten Dosentomaten, Salz, Pfeffer, Sahne, abgeschmeckt mit einem Schuss Gin, eine Pastasauce mit Speckwürfeln und gedünsteten Zwiebeln, die nur so lange köcheln muss wie die Pasta in Salzwasser gart, und die perfekte Tomatensauce, die sich von selbst macht. Rechnen Sie dafür eine große Dose Tomaten, 1 große Haushaltszwiebel und 150 g Butter. Die Zwiebel muss nur geschält und halbiert werden, dann wandert sie mit den restlichen Zutaten in einen Topf und köchelt dort etwa 40 Minuten, bis die Sauce cremig-sämig geworden ist. Sie können die Sauce dann pürieren oder durch eine Flotte Lotte drehen, die Zwiebel (sie gibt Süße und rundet den Geschmack ab) aber auch entfernen oder die Sauce nach Wunsch noch mit Kräutern oder ganz wenig frischem Knoblauch sowie Salz und Pfeffer abschmecken.

Neben Gemüsekonserven sind auch Fischkonserven überaus praktisch, denn sie sind vielseitig einsetzbar. Thunfisch passt zu Pastasaucen oder über einen Salat, Hering zu Kartoffeln oder einfach nur zu einem herzhaften Brot. Aus Sardinen aus der Dose lässt sich mit etwas Senf, Knoblauch, Kapern und Olivenöl ein würziger Brotaufstrich zubereiten, den ich das erste Mal auf einem portugiesischen Fischkutter gegessen habe. Fischkonserven sind zudem gesund, denn sie enthalten mehr Omega-3-Fettsäuren als viele Frischfische; nur frischer Lachs hat einen noch höheren Grad an diesen essenziellen Fettsäuren.

Drei selbst gemachte Brühen mit Resten
Der geschickten Resteverwertung ist in diesem Buch ein ganzes Kapitel gewidmet (s. S. 170). Aber auch die Abschnitte, ob es nun Dillstängel sind, kleine Petersilienblättchen, sogar Zwiebelschalen, können weiter verwendet werden. In der Tat werden in der Sternegastronomie die aromatischen Jus und Fonds, die als Basis für leckere Sößchen dienen, mit genau solchen Abschnitten gewürzt. Machen Sie eine **Gemüsebrühe** einfach selbst: Schwitzen Sie zwei geschälte und gehackte Möhren, zwei geputzte und gehackte Lauchstangen und etwas frischen Knoblauch in Öl an, geben dann eine abgezogene und fein gehackte Zwiebel und zwei Staudenselleriestangen, entfädelt und gehackt dazu und eine Handvoll gewaschenen und fein gehackten Mangold. Dünsten Sie das Gemüse gut durch, gießen Sie dann 1 l Wasser an und lassen Sie es eine Stunde bei leichter Hitze einköcheln. Und natürlich sämtliche Abschnitte Ihres Kräutergartens zur Aromatisierung einsetzen!

Eine **Geflügelbrühe** können Sie aus einem guten Huhn herstellen, das Zeit hatte und Platz zum Wachsen und zur Bewegung (und deshalb auch ordentliche Knochen entwickeln konnte). Bedecken Sie Knochen und Fleischreste mit fein gehacktem Suppengemüse mit kaltem Wasser, kochen Sie dieses einmal auf und köcheln Sie es bei niedrigster Hitze etwa 2 Stunden. Den aufsteigenden Schaum mit einem Schaumlöffel abheben. Danach abseihen, bei Wunsch salzen und in kleinen Portionen einfrieren.

Fischfond lässt sich aus weißfleischigem Fisch zubereiten. Fische wie Lachs, die viel (gesundes) Öl enthalten, eignen sich dafür nicht, denn das Endresultat schmeckt unangenehm. Verwenden Sie auch keine

Haut, stattdessen jedoch Gräten und Fischköpfe. Lassen Sie diese mit einer halbierten Zwiebel (mit Schale, das gibt Farbe), einigen geputzten Selleriestangen und einigen ganzen Knoblauchzehen in kaltem Wasser einmal aufwallen und köcheln Sie den Sud (das dafür verwendete Wasser sollte die Zutaten nur knapp bedecken) 30 Minuten, bevor Sie die Brühe abseihen und erst dann leicht salzen.

Solche Brühen können Sie portionsweise einfrieren (beispielsweise in TK-Beutel für Eiswürfel) und zum Abschmecken verwenden oder natürlich auch in größerer Menge, wenn Sie eine gehaltvolle Sauce ansetzen möchten, beispielsweise für ein Risotto.

Das richtige Zubehör für Ihre Küche

Keine Sorge: Sie müssen sich nicht die Wohnung mit neuen Geräten vollstellen und Ihr Bankkonto mit Designerteilen zum richtigen Haltbarmachen belasten. Nachstehend Werkzeug, das Ihnen das Leben leichter macht.

Backmatte: Antihaftmatte, meist aus Silikon. Fast unendlich wieder verwendbar, allerdings nicht schnittfest. In der Spülmaschine zu reinigen. Prima für Zuckerwerk und Obstleder.

Backpapier: Bereits auf das Standardbackblech zugeschnitten erhältlich. Verhindert das Ankleben. Nicht durch Alufolie zu ersetzen, die zwar den Backblechboden schützt, nicht jedoch das Gebackene. Wesentlich billiger als eine Backmatte, jedoch nicht wiederverwendbar und nicht so hochwertig.

Bindfaden: Zum Festbinden und Abbinden von Tropfvorrichtungen zur Herstellung von Sirup etc.

Bügelverschluss: Dekorativer Verschluss zum Abfüllen von Sirupen und selbst gemachten Ansätzen. Der Zapfen ist meist aus Porzellan. Lässt sich sterilisieren.

Dampfentsafter: Für den Herd oder mit Elektroanschluss. Zweiteilig, unten ist Wasser, oben Obst, mit Dampf wird daraus Saft gewonnen, der durch einen Schlauch abfließt. Die Dauer der Saftzubereitung ist abhängig vom gewählten Obst.

Dörrautomat: Für das gleichmäßige Trocknen von Lebensmitteln, von Pilzen über Tomaten bis zu Ananas. Dauert nicht so lang wie im Backofen und ist auch energiesparender. Jedoch relativ sperrig, lohnt nur bei häufigerem Einsatz.

Einmachglas: Zum Einkochen und sterilen Aufbewahren von Lebensmitteln und Marmeladen. Mit Weckgummi und fest schließendem Bügel.

Flotte Lotte: Manuelles Passiergerät, mit mehreren Einlegescheiben für feineres oder gröberes Durchpassieren. Arbeitet feiner als ein Sieb und ist leichter und einfacher zu bedienen. Lässt sich gut in der Spülmaschine reinigen.

Küchenhandtuch: Sollte kochfest sein. Lässt sich zum Durchseihen und Abtropfen für Sirup und Obst verwenden.

Küchenmaschine: Erledigt alles zwischen Hefeteig kneten und Eiweiß schlagen. Mit entsprechenden Aufsätzen können Küchenmaschinen auch Gemüse zerkleinern, Fleisch wolfen und Pasta selbst machen. Große Qualitäts- und Preisunterschiede.

Küchensieb (auch: **Haarsieb**): In verschiedenen Größen und Formen von rund bis spitz, aus Plastik oder Metall, mit feinmaschigem Siebegewebe.

Pürierstab: Ein Pürierstab guter Qualität ist ein ordentlicher Ersatz für einen Standmixer, lässt sich aber nicht so gut reinigen und kann beispielsweise Eiswürfel oder Nüsse nicht oder nicht gut zerkleinern. Je nach Hersteller und Modell Zubehör von Universalzerkleinerer bis Schneebesen.

Standmixer: Mixt und zerkleinert alles zwischen Pesto und zum Teil sogar Eiswürfeln. Teurere Geräte haben Pulse-Funktionen, die das Gerät stoßweise arbeiten lassen.

Trichter: Zum kleckerfreien Befüllen von Gläsern. Bei heißem Gargut (Marmelade etc.) auch ein wichtiger Schutz vor Verbrennungen.

Twist-off-Glas: Schraubglas mit fest sitzendem, abschraubbarem Deckel zum Einmachen.

Weckglas: Mit Weckgummi und Klemmen, aber ohne fest schließenden Bügel. Weckgläser werden befüllt und der Inhalt danach im Einweckautomaten bei hoher Hitze eingekocht. Dabei versiegelt der Weckgummi den Zwischenraum zwischen Glas und Deckel und macht das Einmachgut haltbar.

Das »richtige« Einkaufen

Saisonal und regional sind die großen Themen, wenn es um das Kochen geht. So wichtig sind sie geworden, dass sich sogar internationale Lebensmittelkonzerne und Fastfood-Hersteller mittlerweile mit diesen Begriffen schmücken, muss man fast sagen.

Beim richtigen Einkaufen geht es in erster Linie nicht darum, etwas Falsches zu kaufen, sondern wo man am besten kauft. Wenn Sie einen **Wochenmarkt** in der Nähe haben, auf dem Erzeuger ihre Waren verkaufen, ist das der einfachste Schritt, regional einzukaufen. Ob Kartoffeln, alte Apfelsorten, Möhren oder Käse – was nicht quer durch Deutschland gefahren werden musste, ist frischer und natürlich auch billiger. Oft liefert der Markthändler auch noch ein paar Rezepttipps gratis dazu. Mein bester Tipp war beispielsweise, Kohlrabiblätter nicht etwa wegzuwerfen, sondern fein gehackt mit Salz, Pfeffer, Butter und etwas frischem Knoblauch zu dünsten. Das schmeckt entweder als Beilage oder mit Frischkäse püriert auch als Dip fabelhaft.

Und natürlich richtet sich das Angebot der Wochenmärkte je nach Marktstand auch an der Jahreszeit aus. Erzeugerbetriebe, die am frühen Morgen die am Vortag geerntete Ware in den Lkw verpacken und direkt auf den Wochenmarkt und nicht auf den Großmarkt fahren, werden im April keine Erdbeere und im Juli keinen Spargel anbieten, sondern nur das, was saisonal am besten auf dem Hof gedeiht und schmeckt.

Die beste Uhrzeit ist entweder morgens, wenn die Händler gerade dabei sind, ihre Stände aufzubauen. Oder am frühen Nachmittag, wenn sie abbauen und nichts dagegen haben, die letzten drei Salatköpfe zum halben Preis loszuwerden, um mit einem wirklich

Tipp für Einsteiger: ein Dampfentsafter vom Flohmarkt.

Schlaues Einkaufen, Bevorraten und Verwerten

leeren Lieferwagen wieder abfahren zu können. Frisches Obst und Gemüse ist auf Wochenmärkten am besten, denn es ist absolut frisch, kann preislich leicht mit dem Angebot im Supermarkt mithalten und bietet auch Spielraum für Neues. Die vielen Tomaten und Äpfel, die in den letzten Jahren als alte Sorten wiederentdeckt wurden und jetzt im Supermarktregal zu finden sind, haben ihren Ursprung auf Wochenmärkten. Dort sind Erzeuger mit Kunden direkt im Gespräch und können viel schneller auf Kundenwünsche eingehen. Wo die Wochenmärkte in Ihrer Stadt sind, verrät ein schneller Blick ins Internet.

Bäcker, Metzger und Fischhändler gehörten wie Wildhändler vor einer Generation noch ins ganz normale Straßenbild. Mit dem zunehmend erweiterten Angebot von Supermärkten hat sich das verändert. **Einzelhandelsfachgeschäfte** wie die Bäckerei, die noch selbst bäckt, oder der Metzger, der seine Rinderhälften noch selbst zerlegt, sind selten geworden. Gleichzeitig steigt auch in diesem Segment der Bedarf nach »echten« Lebensmitteln und sind Kunden bereit, dafür auch mehr Geld auszugeben. Zwei Vorteile bieten diese Fachgeschäfte, den direkten Kontakt und die Erfüllung spezieller Wünsche. Wenn Sie eine Sülze selbst machen wollen, kann Ihnen der Metzger dazu die nötigen Schweinefüßchen für das Gelee besorgen, ebenso ein Schweinenetz, damit Ihr Rollbraten nicht auseinanderfällt. Und der direkte Kontakt bedeutet, dass Ihnen dieser Fachhändler viel mehr Fachwissen vermitteln kann als jeder Internet-Klick, denn da wissen Sie nicht, wer ihn geschrieben hat. Einige meiner besten und ein-

Verführerisch angerichtet, regional und nicht so teuer: der Wochenmarkt vor Ort.

fachsten Rezepte (das habe ich von meiner Mutter gelernt) kommen von Fischhändlern und Metzgern.

Auch wer sich für Lebensmittel aus **ökologischem Anbau** interessiert, kann mittlerweile auf gut sortierten Wochenmärkten fündig werden, vor allen Dingen, wenn es nicht nur bio sein soll, sondern idealerweise auch aus der Region stammt. Die Bio-Supermärkte bieten zwar ein großes Angebot, aber Kritiker bemängeln, dass die Lebensmittel aus aller Herren Länder eingeflogen werden, was sich natürlich auf den sogenannten ökologischen Fußabdruck nicht gerade positiv auswirkt, mit dem gemessen wird, mit wie viel Energie (in diesem Fall Transport) unsere Lebensmittel erzeugt werden. Da ist ein kleiner Biohof, der Würstchen, Teltower Rübchen und Ziegenkäse im Hofladen und auf den Wochenmärkten der nächstgelegenen Stadt verkauft, vielleicht die glaubwürdigere Alternative.

Wenn Sie jedoch noch Fachhändler in Ihrer Nähe haben, dann helfen Sie denen am besten.

Ob Wochenmarkt, Supermarkt oder Discounter: ein altmodischer Einkaufszettel empfiehlt sich in jedem Fall, auch wenn Sie sich gerne vor Ort vom Angebot zu leckeren Gerichten inspirieren lassen. Denn wir kaufen etwa 25 Prozent mehr, als wir später wirklich essen werden, wenn wir ohne Einkaufszettel unterwegs sind. Das freut die Herren vom Supermarkt.

Böse kleine Dinger

Der Chemiker Louis Pasteur war in mehrerer Hinsicht ein Retter der Menschheit: Er sorgte für die wissenschaftliche Untermauerung der Schutzimpfung, erforschte die Tollwut und erfand die Haltbarmachung von flüssigen Lebensmitteln, die nach ihm benannte Pasteurisierung. Er hatte entdeckt, warum Lebensmittel verderben: Wir sind im Alltag jeder Menge Mikroorganismen ausgesetzt. Einige von ihnen sind sogar lebensgefährlich, andere sind die Übeltäter, die dafür sorgen, dass eine Haltbarmachung nicht gelingt und Lebensmittel verderben. So beugen Sie vor:

■ Immer nur die beste Qualität verwenden, also kein bereits angedätschtes Obst und Gemüse. Dann würde das Eingemachte auch mit der perfekten Haltbarmachungstechnik verderben.

■ Die Produkte vor dem Verwenden sorgfältig waschen oder reinigen; das gilt für die Schale von Eiern genauso wie für Zucchini.

■ Zum erfolgreichen Einmachen saubere und idealerweise sterilisierte Gläser verwenden. Im Kapitel Ein-

Schön sortiert, griffbereit gestellt und dicht verschlossen, sind getrocknete Lebensmittel auch ein Deko-Tipp.

machen finden Sie dazu mehrere simple und völlig unaufwendige Techniken.

- Das Näschen einsetzen: Wenn etwas nicht mehr gut riecht, dann ist es auch nicht mehr gut.

- Hat etwas Schimmelbefall, muss es entsorgt werden. Das gilt für ein Brot genauso wie für eine Tomatensauce, die zu lange im Kühlschrank lagerte und nun eine pelzige Haut hat. Es gilt erst recht für Marmeladen und Gelees. Sicherlich werden Sie nicht daran sterben, wenn Sie nur die oberste Schicht abtragen und den Rest essen, aber die nicht sichtbaren Mykotoxine (Schimmelpilzgifte) sind vielleicht schon tiefer in die Marmelade eingedrungen.

- Wenn etwas gärt – ebenfalls sofort entsorgen.

Vorratsschädlinge heißen die fiesen kleinen Dinger, die Lebensmittel verderben können. Es müssen gar nicht Mehlkäfer oder Hausschabe sein. Ameisen, die ganze Straßen anlegen, auf denen sie sich hin und her bewegen, sind gefährlich, denn sie übertragen Krankheitskeime. Ihnen können Sie jedoch ganz einfach mit einem Schälchen Zuckerwasser zu Leibe rücken, das Sie direkt auf eine solche Laufstraße stellen. Auch Fliegen sind nicht nur lästig, sondern haben auf frischen Lebensmitteln nichts zu suchen. Als dekorativer Schutz dienen Kuchengitter, die über Frisches gestülpt werden, das nicht in den Kühlschrank muss. Alternativ verhindern Fliegengitter an den Fenstern, dass Sie mit einer altmodischen Klatsche auf Fliegenjagd gehen müssen. Mottenbefall passiert leider nicht nur bei teuren Kaschmirpullis, sondern auch in Kakao, Dörrobst, Getreide und Mehl. Jedes dieser Lebensmittel hat seine eigene Motte: Es gibt tatsächlich nicht nur Mehlmotten, sondern auch Kakaomotten. Hier geht's schon beim Einkauf los: Achten Sie auf eine völlig unversehrte Verpackung; die Schädlinge sind winzig und nisten sich gerne in Ecken und Falten ein oder in angestoßenen Kanten einer Pappverpackung. Sind sie erst mal im Haus bzw.

in der Küche angelangt, dann lieben solche Monster überall die Ritzen zwischen den Küchenschränken oder Leisten.

Wenn ein trüber Sonntagnachmittag ansteht, nutzen Sie ihn einfach dazu, sämtliche Schränke mit Essigwasser auszusprühen und danach sehr gut zu trocknen (besonders gut geht das, glauben Sie mir, mit einem prickelnden Glas Sekt in der Hand). Kakao oder Mehle ebenso wie Linsen nicht in der Verpackung aufbewahren, in der sie gekauft wurden, denn diese schließt nicht luftdicht und ist für Schädlinge eine Einladung. Besser sind luftdicht schließende Behältnisse wie Gefrierdosen oder auch Gefrierbeutel mit einem Verschluss.

Bügelverschlussgläser eignen sich ebenfalls gut für die Bevorratung und halten Schädlinge von Müsli & Co. fern.

Die Techniken zum Haltbarmachen

Klingt kompliziert, ist aber eigentlich nur spannend. Ob mit Zucker, mit Salz, mit Alkohol, mit Wärme oder mit Essig – Haltbarmachen ist ein fast schon magischer Prozess. Ein paar technische Handgriffe reichen aus, um ihn zu beherrschen.

Einmachen – ganz einfach

Unsere Großmütter konnten das noch – im Schlaf sogar. Einmachen. Marmelade, Gürkchen und Perlzwiebeln, Gelees und Kompott für den Winter, für schlechte Zeiten, für schlechtes Wetter. Wir entdecken den Spaß daran wieder, mit fixen, kinderleichten Rezepten ohne großen Aufwand, auch für die Singleküche.

Marmeladen, Chutneys, Gelees – alles ganz einfach selbst gemacht

Vielleicht kennen auch Sie noch die Geschichten von früher … vom Waschtag, vom Schlachttag und von den Tagen, an denen die Hausfrau nichts weiter machte, als Obst und Gemüse für den Winter oder für schlechte Zeiten haltbar zu machen.

Der Aufwand, der für diese Haltbarkeit betrieben werden musste, war beträchtlich. Deshalb wurden Mirabellen, süßsaure Gürkchen, Erdbeerkonfitüre & Co. auch gleich in Riesenmengen hergestellt. Allein schon der Stromkosten wegen hätte es sich anders gar nicht gelohnt.

Doch das waren andere Zeiten. Heute haben wir für solche aufwendigen Küchenunternehmungen keine Zeit und keinen Platz. Da brauchen wir für unsere Singlehaushalte, Freunde und Kleinfamilien auch keine Batterien von Einweckgläsern mehr. Mal ganz abgesehen vom Platz: Zumindest in der Großstadt ist Wohnraum so teuer geworden, dass Speisekammern und zu Vorratskammern umgenutzte Keller kostbar sind wie Goldstaub.

Einmachen spielt zwar jedes Jahr mindestens ein- oder zweimal auf den Titelbildern von Kochzeitschriften eine wichtige Rolle. Aber ich kenne beispielsweise niemanden, außer einigen Männern, der gerne einmacht. Das ist schade. Denn sie wissen etwas, nämlich, wie viel Spaß das Einmachen macht. Wie malen mit Fingerfarben sei es, sagt einer. Unglaublich kreativ, sagt ein anderer, der als Fotograf eigentlich genug Möglichkeiten hat, kreativ zu sein, aber dessen Kürbis-Orangen-Marmelade seine Gattin begeistert. Kurz gesagt: Beim Einmachen geht eigentlich alles, Obst und Gemüse mixen, stärkere Aromaten wie Zimtstange, Pimentkorn oder Koriander zugeben, etwas sehr Cremig-Streichfähiges produzieren oder etwas, das sich als Füllung für Fladenbrot eignet …

Die Techniken im Überblick

Zucker

Zucker, Hitze und Gargut – so ernsthaft klingt es, so einfach ist es und so lecker schmecken dann Gelees, Fruchtaufstriche, Marmeladen und deren englische Version, die Zitrusfruchtmarmeladen (mit dem Oberbegriff *marmalade* bezeichnet). Auch die cremigen *Curds* – Sie kennen vielleicht schon *Lemon Curd*, das mit Zitrussaft, Zucker, Eiern und Butter zubereitet wird – gehören zu den Zuckerklassikern.

Zucker selbst macht allerdings gar nicht haltbar. Er muss mit anderen Konservierungstechniken kombiniert werden; das unterscheidet ihn beispielsweise vom Salz. Ohne das Sterilisieren von Gläsern, in die das Gezuckert-Gekochte eingefüllt wird, ginge es beispielsweise nicht. Auch **Gelierzucker** ist eine wichtige Hilfe beim süßen Einkochen, jedenfalls von Obst, das einen niedrigen Pektinwert hat. Erdbeeren sind zum Beispiel pektinarme Früchtchen, während Zwetschgen oder Quitten auch ohne Gelierzucker die gewünschte Konsistenz und Haltbarkeit bekommen.

Natürlich spielt auch die Hitze eine wichtige Rolle, weshalb wiederum der richtige **Kochtopf** eine gar nicht unerhebliche Rolle spielt. Er sollte nämlich so groß sein, dass das Obst, das gerade verarbeitet wird, darin förmlich sprudeln kann, ohne überzukochen. Ein Emailtopf ist die preiswerte Variante, ein Kupferkochtopf sieht natürlich schön aus, kostet allerdings auch sehr viel mehr.

Beim Umfüllen aus dem Topf in Einmachgläser ist ein **Trichter** praktisch. Denn sonst tropft einfach zu viel daneben (das klebt außerordentlich). Überdies werden die Hände geschützt – wichtig, denn das erhitzte Obst ist dank des hohen Zuckeranteils richtig, richtig heiß und kann wirklich Verbrennungen verursachen.

Für den **Geliertest** gibt es eine simple Methode. Sie stellen mehrere Porzellanuntertassen in die TK-Truhe, geben teelöffelweise etwas Gargut auf diese geeisten Teller, warten kurz und prüfen dann mit einem schubsenden Zeigefinger, ob sich über dem Gelee eine Schicht gebildet hat. Dann ist der Gelierpunkt erreicht.

Ganz zu Anfang ihrer Ehe bereitete meine Mutter Gelees und Marmeladen noch mit Einmachcellophan zu; den Job, diese Blättchen genau auf den Glasrand zuzuschneiden und mit Hochprozentigem zu beträufeln – das sorgt für längere Haltbarkeit –, hatte mein verliebter Vater, der als Ingenieur der Präzise im Team war.

Doch die simplen **Twist-off**-Verschlüsse sind sehr viel praktischer: Geliertes Obst fingerbreit unter den Rand einfüllen, zudrehen, das Glas auf den Kopf stellen und einige Minuten in dieser Horizontalen ruhen lassen. Auch nach dem Öffnen sind solche Verschlüsse die bessere Wahl; sie schließen ordentlich und schützen damit vor dem Verderb. Das Einmachcellophan hingegen ließ sich nach dem Öffnen nicht wieder aufbringen, und das Gläschen musste entweder schnell geleert oder noch mal erhitzt werden. Das dürfte den wertvollen Inhaltsstoffen jedoch völlig den Garaus gemacht haben.

Salz

Salz funktioniert ganz anders: Es erniedrigt den Wassergehalt und entzieht Mikroorganismen, die ein Lebensmittel verderben können, die Nahrungsgrundlage.

Für das Einmachen die Basics vorher zurechtlegen. Ein Küchentuch schützt die Hände vor heißem Gargut.

Geliertest: Bleibt das Eingekochte schon relativ fest, wenn man es mit einem Löffel bewegt? Dann ist es geliert.

Gemüse und Kräuter lassen sich ebenso wie Eier oder Fleisch und Fisch durch Einsalzen haltbar machen.

Nur wenn eine wirklich streng natriumarme Kost eingehalten werden muss, ist diese Haltbarmachung nichts für Sie. Denn tatsächlich müssen wir Menschen täglich mehrere Gramm Kochsalz zu uns nehmen; Salz ist ein Element, das dem Körper im Übermaß überhaupt nicht bekommt, aber als Mangel eben auch nicht.

Essig

Mit Essig lässt sich so ziemlich alles, vom Weißkohl bis zum Obst, einmachen. Viele Kulturen kennen diese wunderbare Art der Haltbarmachung, und einige Länder sind zu echter Meisterschaft aufgestiegen; ganz vorne dürfte Polen stehen, wo bis heute viele Hausfrauen mit ihren berühmten Gurken punkten.

Schnell dekorativ verpackt mit einem Bindfaden ist in einem Bügelverschlussglas milchsauer eingelegtes Gemüse.

Für diesen Einmachvorgang kommt neben Essig oft etwas Salz und Zucker zum Einsatz. Und diese simple Kombination macht Lebensmittel nicht nur haltbar, sie verbessert auch deren Geschmack. Besonders wasserhaltigen Gemüsen wie Gurken verleiht das Einmachen mit Essig einen veränderten und viel leckeren Kauspaß. Selbst simple kleine Gärtnergurken schmecken, wenn sie einige Tage eingelegt werden, plötzlich knackig und herzhaft.

Überdies kommen dekorative Aromaträger wie Senfkörner, Dillblüten oder Dillkraut, Pfefferkörner, Wacholderbeeren oder Lorbeerblätter ins Spiel.

Milchsauer

Milchsauer – das klingt nicht gerade appetitlich, aber dieser ganz einfache und natürliche Prozess liefert unter anderem das, was Amerikaner immer so typisch deutsch finden, nämlich Sauerkraut.

Wenn etwas milchsauer vergoren wurde, heißt das, es wurde auf eine sanfte Art konserviert, bei der wertvolle Inhaltsstoffe wie Vitamine nicht verloren gehen. Außerdem wird das enthaltene Eiweiß dadurch leichter verdaulich.

Die Gärung durch natürlich auftretende Bakterien setzt mithilfe von Zucker bei Wärme ein. Deshalb werden Sauerkraut & Co. auch bei Zimmertemperatur angesetzt und erst später an einem kühlen Ort zur besseren Haltbarkeit aufbewahrt. Für die Milchsauer-Methode eignet sich so ziemlich alles zwischen Kohl, Bohnen und Paprikaschoten.

Ach ja: Natürlich kann auch Milch milchsauer eingelegt werden.

Einwecken

Fast ein bisschen altmodisch kommt das Thema Einwecken daher. Auch hier geht es um das Einmachen von Obst und Gemüse in Gläsern zur guten Haltbarmachung. Doch passiert diese erst nach der Abfüllung und nicht wie beim klassischen Marmeladenrezept schon beim Kochen.

Obst und Gemüse werden gesäubert und roh in Gläser gefüllt. Diese wandern nun idealerweise in einen speziellen **Einwecktopf,** wobei es ein sehr großer **Kochtopf** auch tut. Wie in einem Wasserbad werden die Gläser und deren Inhalt beim Einwecken in heißem Wasser gegart, ohne mit Wasser in Berührung zu kommen. Je größer die Einweckgläser sind, die mit **Gummiringen, Glasdeckeln** und **Klemmen** verschlossen werden, desto größer muss auch der Einkochtopf sein. Solche speziellen Töpfe haben eine **Gittereinlage** im Topf, auf die die gefüllten und verschlossenen Gläser gestellt werden. Dann lassen sie sich nach dem Einwecken, wenn sie noch kochend heiß sind, aber nicht mehr weitergaren sollen, einfacher entnehmen.

Zum Einwecken wird kaltes Wasser bis etwa zwei Drittel der Höhe des Glasrands angegossen, dann beginnt der Einweckprozess, der auf dem Herd oder im Backofen stattfinden kann. Eigentlich ist das Einwecken nicht mehr als ein schnödes Erhitzen und Köcheln, bis die Gläser nach einer Stunde pasteurisiert und damit keimfrei sind. Aber das Einwecken (leider macht's nur in größeren Mengen Sinn) liefert schonend gegartes Obst und Gemüse, das dann je nach Wunsch serviert werden kann, ob als Kompott oder als Gemüsebeilage.

In Öl

Gemüse lässt sich auch prima in Öl einlegen oder sogar mit Öl versiegeln. Schon eine Fettschicht von zwei Zentimetern verhindert den Zugang von Feuchtigkeit und Luft an das eingelegte Lebensmittel. Dennoch – und das ist das Wichtige bei dieser Methode – muss das Lebensmittel vorher eben eingelegt sein, denn Öl verhindert nur das Verderben »von außen«, macht aber das Produkt selbst nicht haltbar. Je nach Geschmack eignet sich Olivenöl, aber auch einfaches Sonnenblumenöl für diese Versiegelung.

Wichtig ist hier auch die Lagerung an sich, dunkel und kühl.

Bei Fischkonserven spielt dieses Einlegen in Öl mit einem Schuss Säure eine wichtige Rolle. Und bei Kräuteröl kommt diese Methode ebenfalls zum Tragen.

Chutneys und Relishes

Eingemachtes Obst und Gemüse oder eine Mischung daraus – das ist beileibe kein deutscher Geschmack oder sogar nur ein europäischer. So wie wir Cornichons und Dillgurken zum Abendbrot mögen, wird in der indischen Küche zum Essen eine Beilage serviert, die süß, sauer, scharf, würzig oder alles zusammen sein kann.

Das Wort *Chutney* ist dem Hindu entlehnt: *chatni* bezeichnet im Mörser zerdrückte Würzzutaten, die zu einer Paste verarbeitet wurden. Anfangs wurde es immer frisch zubereitet, benötigte also kein Säuerungsmittel wie Essig oder Zitronensaft. Als die Briten noch Weltmacht waren, entdeckten sie in Indien ihren Geschmack für Würzig-Scharfes und importierten solche Chutneys ins Mutterland. So traten diese ihren Siegeszug an. In Indien selbst sind Chutneys meist dünnflüssig, bei uns in Europa kennt man sie eher als zähflüssig, weshalb es häufig zu Verwechslungen mit Relish kommt.

Ein Relish ist stückiger als ein Chutney, ist aber ebenfalls in der Regel würzig-pikant.

Fix, unkompliziert, optisch ansprechend

Damit es Ihnen leichtfällt und wirklich nur Spaß macht einzumachen, habe ich auf drei ganz wichtige Faktoren bei jedem Rezept Wert gelegt.

Denn **erstens** soll das Einmachen fix gehen. Wenn Sie möchten, können Sie die Gläser hinterher noch im Wasserbad sterilisieren (siehe unten), dann hält der Inhalt bombenfest und mehrere Jahre. Wenn es kleine Gläschen werden, die vorher den Babybrei enthielten und sicherlich innerhalb der nächsten Wochen gegessen werden, dann reicht es völlig aus, die Gläser vorher zu sterilisieren.

Zweitens soll Sie das Einmachfieber überfallen, auch bei einem Blick auf nur eine Handvoll Beeren, einige Aprikosen oder einen einzigen frischen, süßen Maiskolben, der noch in seiner Hülle steckt. Deshalb sind die Portionen klein. Sie lassen sich hochrechnen, aber wenn Sie gerne sehr abwechslungsreich und vielseitig essen, dann wird sich Ihr Gaumen über solche Abwechslung freuen.

Wenn Sie **drittens** ein Händchen für Optik haben, ist kaum etwas schmückender in einer Küche als eine kleine Batterie schön beschrifteter Einweckgläser in allen Größen und Farben. Zum Verschenken eignen sich solche Produkte *aus der Küche von …* selbstredend auch.

Also finden Sie in diesem Kapitel – wie auch im ganzen Buch – Rezepte für Relishes, Konfitüren und Pickles in kleinen Mengen. Dann ist der erste Schritt ganz einfach. Vielleicht haben Sie nur ein einziges geeignetes Glas mit Schraubverschluss im Wandschrank und gerade noch einen letzten Rest Gelierzucker gefunden – das sollte reichen, um etwas Leckeres zu zaubern.

Bei den Rezepten haben wir uns dann ganz bewusst etwas abseits der Klassiker getummelt. Denn wie Sie Erdbeermarmelade selbst machen, dafür brauchen Sie kein Kochbuch. Das steht auf jeder Packung Gelierzucker. Aber dass Johannisbeere und Kirsche eine relativ unschlagbare Aromenkombination für das gemütliche Frühstück sind, dafür ist dieses Buch da, das Ihnen auch einen Tomatenketchup mit viel Tomaten vorschlägt (in den meisten gekauften Tomatenketchups ist ja anstelle vieler Tomaten eher sehr viel Zucker enthalten, der natürlich viel billiger ist als aromatische, reife Tomaten). Zwetschgen, Quitten, Blumenkohl, Limetten, Mais, Himbeeren und Tannen- bzw. Fichtenspitzen (!) – das sind die leckeren Hauptdarsteller in diesem Kapitel.

Sterilisieren

Sauberkeit ist beim Einmachen oberstes Gebot, sonst sorgen Bakterien dafür, dass das Eingemachte nicht lange hält. Und das wäre schade. Die Gläser und Behältnisse, die Sie für das Eingemachte verwenden, sollten peinlich sauber sein und frisch aus der Geschirrspülmaschine kommen. Sie können sie sicherheitshalber auch sterilisieren, im Backofen, auf Zeitungspapier und bei 120 °C. Alternativ lassen sich Gläser auch im Wasserbad (in einem Topf, Glasöffnung nach oben) sterilisieren. Oder – dritte Variante – Sie geben die heiß ausgespülten Gläser bei 120 °C in den Backofen und lassen Sie dann so lange im Ofen, bis sie getrocknet sind.

Die Verschlüsse sollten Sie separat sterilisieren – heiß übergießen, einige Minuten im heißen Wasser belassen, dann aus dem heißen Wasser heben (ich mache das mit meiner Spaghettizange), mit der geschlossenen Seite nach oben auf ein frisches Küchenhandtuch legen und trocknen lassen.

TIPP **Englisch** schmeckt es auch lecker. Tatsächlich kennen die Engländer nicht nur durch ihre indische Vergangenheit viele leckere Einmachrezepte, dort häufig übrigens mit normalem Zucker anstelle des Gelierzuckers zubereitet. Auch ihre große Liebe zum Gärtnern und dem damit idealerweise verbundenen Überfluss an Obst und Gemüse hat auf der kleinen Insel eine große Geschmacksvielfalt hervorgebracht.

Quittengelee

In Großbritannien wird Quittengelee – auch dort ein Herbstfavorit – mit herkömlichem Zucker gemacht, während unsere Gelees eher mit Gelierzucker gemacht werden. Der Vorteil bei Gelierzucker ist, dass man den Süßegrad besser selbst bestimmen kann. Ich verwende Gelierzucker im Verhältnis 3 : 1 und bewahre die Gläser bis zur Verwendung in der TK-Truhe auf, dann können sie auch nicht verderben.

Für etwa 600 ml
1 kg Quitten
1 Bio-Zitrone
200 – 300 g Gelierzucker 3 : 1

Außerdem
Passiertuch

1 Die Quitten lauwarm abwaschen und mit einem feuchten Tuch vom Flaum befreien. Mit einem großen, scharfen Messer mittelgrob zerkleinern und in einen großen Topf geben. Mit kaltem Wasser bedecken, sodass die Stücke schwimmen.

2 Die Schale der Zitrone in langen Streifen abziehen und zugeben. Alles einmal aufwallen lassen, dann abgedeckt bei leichter Hitze mindestens 1 Stunde köcheln, bis die Quitten musig werden.

3 Ohne Deckel 15 Minuten köcheln, die Zitrone pressen und den Saft angießen, alles gut durchrühren, die Zitronenschale entfernen. Ein Passiertuch über einen hohen Topf hängen. Quittenmus und Garsud mit einem Kochlöffel in das Passiertuch löffeln. Mindestens 3 Stunden oder über Nacht abtropfen lassen. Nur vorsichtig pressen, sonst trübt das Mus das Gelee ein.

4 Den Sud abmessen und im Verhältnis 3 : 1 Gelierzucker zugeben. In einen Topf umfüllen, aufkochen und 3 Minuten bzw. nach Packungsangabe kochen, sodass Blasen nach oben steigen (Vorsicht mit dem heißen Sud; er ist tatsächlich sehr heiß). In sterilisierte Gläser abfüllen, verschließen und nach dem Abkühlen in der TK-Truhe aufbewahren.

TIPP
Das Hacken der Quitten geht mit einem großen, scharfen Messer (ideal ist ein chinesisches Hackebeil) ganz einfach.

Tannen-/Fichtenspitzengelee

Auch wenn es überraschend klingt: Dieses Gelee schmeckt fein als Brotaufstrich. Außerdem lassen sich damit Früchte- und Kräutertees abschmecken und Süßes ungewöhnlich verfeinern.

Für etwa 1200 ml
500 g Tannen- oder Fichtenspitzen
1 kg Gelierzucker

1 Die Tannen- bzw. Fichtenspitzen waschen und gut abtropfen lassen. Mit 1 l Wasser in einen Topf geben, bei kleinster Hitze 1 Stunde köcheln und über Nacht durchziehen lassen.

2 Danach durch ein Tuch oder Sieb ca. 2 Stunden abtropfen lassen. Die Flüssigkeit dabei auffangen.

3 Die Flüssigkeit mit dem Gelierzucker in einen Topf geben. Unter mehrmaligem Rühren 5 Minuten kochen.

4 Das Gelee noch heiß in die vorbereiteten Gläser füllen und gut verschließen.

TIPP
Probieren Sie dieses Gelee mal zu schnödem Vanilleeis, das mit einigen Baisers optisch aufgerüscht wurde. Genauso gut schmeckt es aber auch mit frischer Bauernbutter zu einem richtig altmodischen Gerstenbrot oder anderem Sauerteigbrot.

Himbeerkonfitüre

Für mich ist die Himbeere die Krönung der heimischen Beeren. Sie schmeckt einfach perfekt, auch in Kombination mit so ungefähr jeder anderen Frucht. Und mit einem Schuss Hochprozentigem, idealerweise Himbeergeist.

Für etwa 1200 ml
1250 g Himbeeren
500 g Gelierzucker 2 : 1

Außerdem
Flotte Lotte (Passiergerät)

1 Himbeeren verlesen, in ein Sieb geben und nur kurz unter fließend kaltem Wasser waschen. Etwas abtropfen lassen und durch die Flotte Lotte passieren, um die Kerne zu entfernen.

2 1 kg Fruchtmus abwiegen und mit dem Gelierzucker zusammen in einen großen Topf geben. Unter mehrmaligem Rühren 4 Minuten kochen. Noch heiß in die vorbereiteten Gläser füllen und gut verschließen.

Himbeerkonfitüre mit Geist

Für etwa 1500 ml
1 kg verlesene, abgetropfte Himbeeren
1 kg Gelierzucker oder 500 g Gelierzucker 2 : 1
Saft einer Zitrone
2 cl Himbeergeist

1 Himbeeren mit Gelierzucker und Zitronensaft in einen Kochtopf geben, vermischen und über Nacht stehen lassen

2 Am nächsten Tag alles 4 Minuten unter mehrmaligem Rühren aufkochen. Kurz vor Ablauf der Kochzeit den Himbeergeist einrühren. Noch heiß in die vorbereiteten Gläser füllen, gut verschließen.

TIPP
Die Himbeerkonfitüre mit Geist schmeckt köstlich zu Eiscreme oder zu einem selbst gemachten Vanillepudding.

Johannisbeer-Kirsch-Marmelade

Johannisbeere schmeckt manchen ein bisschen zu fad, eben nur säuerlich-frisch. Kombiniert man sie mit Sauerkirschen, wird daraus eine Hallo-Wach-Marmelade mit einem angenehmen Säurekick.

1 Die Sauerkirschen vierteln. Mit dem Johannisbeersaft, dem Zucker und dem Agar-Agar in einen Topf geben. Unter mehrmaligem Rühren aufkochen und 5 Minuten unter ständigem Rühren weiterkochen.

2 Die Marmelade noch heiß in die vorbereiteten Gläser füllen und gut verschließen.

TIPP
Oft fällt die Johannisbeerernte überreichlich aus. Zur raschen und einfachen Konservierung bieten sich mehrere Möglichkeiten an:
Die Beeren können, gewaschen und abgezupft, sofort portionsweise eingefroren werden.

Besonders vielseitig ist Johannisbeersaft, der durch Dampfentsaftung ohne Zucker hergestellt wurde. Aus diesem Saft lassen sich später Sirup, Gelee oder, kombiniert mit den verschiedensten Früchten, feine Marmeladen zubereiten.

Für etwa 1400 ml
500 g Sauerkirschen, gewaschen, entkernt und entstielt
500 ml Johannisbeersaft
500 g Zucker
2 TL Agar-Agar

Bitterorangenmarmelade

Die bitteren Orangen, Sevilla-Orangen genannt, bekommen Sie zwischen Januar und Februar auf dem Wochenmarkt oder auf Vorbestellung im gut sortierten Gemüseladen. Sie sind nicht behandelt; ihre Schale kann also mitgegessen werden – und das macht auch den Reiz der Marmelade aus. Auch wenn diese Marmelade ein bisschen zeitaufwendiger in der Herstellung ist – die meiste Zeit kocht sie sich von selbst.

1. Die Orangen und die Zitrone in einen Topf geben, mit Wasser bedecken, einmal aufwallen lassen, dann bei leichter Hitze köcheln, bis sie völlig weich geworden sind (das kann 2 Stunden dauern).

2. Die fertig gegarten Früchte mit einem Schaumlöffel aus dem Sud heben (der Sud wird noch gebraucht, nicht wegschütten), auf eine Arbeitsplatte legen und abkühlen lassen. Dann halbieren. Das Fruchtinnere mit einem Löffel herausschaben und in einen mittelgroßen Topf umfüllen. 200 ml Sud angießen, abgedeckt einmal aufwallen lassen, dann einige Minuten köcheln.

3. Ein Sieb mit einem Küchentuch auslegen. Darunter eine Schüssel stellen. Den Sud mit dem Fruchtfleisch durch das Sieb gießen. Das Küchentuch fest zusammendrücken, damit so viel Fruchtfleisch wie möglich in den Sud fließt. Es ist das nötige Pektin, das dafür sorgt, dass die Marmelade geliert.

4. Die Zitronenschale nicht weiter verwenden. Die Orangenschalen je nach Wunsch hauchfein oder etwas gröber schneiden. Die Schalen unter den ausgedrückten Sud rühren und einige Zeit abgedeckt ruhen lassen (idealerweise über Nacht).

5. Den Zucker einstreuen und bei leichter Hitze unter häufigem Rühren köcheln, bis die Zuckerkristalle gelöst sind. Dann abgedeckt 2 Stunden köcheln lassen und eine Gelierprobe machen. Die fertige Marmelade in Gläser abfüllen, die Gläser einige Minuten auf den Kopf stellen, danach abkühlen lassen.

TIPP
Wie dick Sie die Orangenschalen schneiden, ist Geschmackssache, und zwischen hauchdünnen und Streifen von etwa 3 mm ist alles möglich.

Für 4 Gläser bzw. etwa 1 kg
500 g Bitterorangen
1 Bio-Zitrone
300 g Kristallzucker

Tomatenmarmelade mit Orangen

Diese Tomatenmarmelade ist süßfruchtig und passt sowohl auf ein herzhaftes Sauerteigbrot als auch zur Käseplatte.

Für etwa 800 ml

1 kg reife, aromatische Tomaten
2 Bio-Orangen
½ Bio-Zitrone
500 g feinster Zucker
1 Prise Salz

1 Die Tomaten am Stielende kreuzweise einschneiden, in einen Topf geben und mit heißem Wasser überbrühen. Nach etwa 1 Minute lässt sich die Haut abziehen. Die Tomaten dann vierteln, die Kerne herausschaben und das Fruchtfleisch grob hacken.

2 Die Zitrusfrüchte waschen, vierteln und in hauchdünne Scheiben schneiden. Von den Kernen befreien.

3 Alles mit dem Zucker und dem Salz in einem mittelgroßen Topf einmal aufwallen lassen, dann bei leichter Hitze etwa einer Stunde einköcheln, bis die Masse zähflüssig wird. Eine Untertasse in die TK-Truhe legen.

4 Für den Geliertest etwas Marmeladenmasse auf die geeiste Untertasse geben und hin und her drehen. Bleibt die Marmelade kleben und verläuft nicht, hat sie den richtigen Gargrad. Die Marmelade in sterilisierte Gläser abfüllen.

VARIANTE

Tomatenmarmelade schmeckt auch mit einer scharfen Note. Reduzieren Sie die Zuckermenge um ein Drittel und würzen Sie die Marmelade, die dann nicht so fest wird, mit frischen Chilistückchen und frisch geriebenem Ingwer.

Lemon Curd

Unglaublich cremig, sahnig und nicht zu süß. Curds sind zu Milchbrötchen, Scones und für ein überaus entspanntes Sonntagsfrühstück perfekt geeignet. Außerdem lassen sich mit dieser Buttercreme auch Torten prima füllen.

Für etwa 200 ml
2 Bio-Zitronen
3 Eigelb (die Eiweiße einfrieren)
100 g feinster Zucker
80 g eiskalte Butter

1 Die Schalen der Zitronen abreiben, die Zitronen auspressen. Zusammen mit den Eigelben und dem Zucker in einer Schüssel gut mixen. Dann die Flüssigkeit abseihen, damit der Zitronenabrieb zurückbleibt.

2 Die abgeseihte Flüssigkeit in einem Wasserbad bei mittelhoher Hitze 5–7 Minuten mit einem Holzlöffel schlagen, bis sie etwas eindickt.

3 Die Butter in Scheiben schneiden. Die Butterscheiben nacheinander mit einem Schneebesen in die Flüssigkeit schlagen; Profis schlagen dazu eine Acht.

4 Alle Butterstücke einarbeiten. Einige Minuten im Wasserbad abkühlen lassen, dann in ein sterilisiertes Glas abfüllen. Beim Abkühlen dickt die Masse ein wenig ein.

TIPP
Lemon Curd unbedingt kühl – sobald geöffnet, im Kühlschrank – aufbewahren und innerhalb einiger Wochen verzehren. Aber so lange hält es, das garantiere ich, sowieso nicht.

Fruchtkäse

Aus England kommt dieses ganz altmodische Rezept, das sehr gut zu Käse schmeckt, wobei sich hinter dem etwas schrägen Namen einfach ein über mehrere Stunden geköcheltes Obst verbirgt, das dann eine Konsistenz wie Schnittkäse bekommt. Genauso gut passt der Fruchtkäse aufs Sonntagsbrötchen.

Für etwa 500 g
1 kg frisches Obst nach Wahl (z. B. Zwetschgen oder eine Mischung, z. B. Äpfel und Birnen)
1 Zitrone
Etwa 450 g brauner Zucker (Menge je nach Obstpüree-Menge)

Außerdem
Flotte Lotte (Passiergerät) oder Standmixer

1 Das Obst schälen, entkernen oder entsteinen und grob hacken. In einen mittelgroßen Topf geben. Die Zitrone auspressen und den Saft mit 200 ml Wasser unterrühren. Alles einmal aufwallen lassen, dann bei leichter Hitze etwa 20 Minuten ganz weich kochen.

2 Das weich gekochte Obst durch eine Flotte Lotte drehen oder im Standmixer ganz fein pürieren. Durch ein Haarsieb streichen und wiegen.

3 Das Püree mit der gleichen Menge Zucker wieder in den Topf geben, einmal aufwallen lassen und bei kleinster Hitze etwa 1 Stunde einköcheln. Dabei immer wieder durchrühren, damit das Obstpüree nicht anbrennt. Wenn es gut eingedickt ist, kann es in sterilisierte Gläser abgefüllt und verschlossen werden.

TIPP

Bei einer Freundin in England habe ich diesen netten Geschenktipp entdeckt: Sie füllt ihren Fruchtkäse in Flohmarktfunde wie kleine Schälchen oder Teetassen, verschließt den oberen Rand mit einem in Schnaps getauchten, zugeschnittenen Stück Wachspapier und verpackt sie in Cellophanfolie.

Rotweinzwetschgen mit Haselnüssen

Falls es Ihnen passiert (mir selten), dass Sie Rotweinreste haben – hier ist eine wunderbare Verwendung. Diese Rotweinzwetschgen schmecken so, wie echter Glühwein schmecken sollte: fruchtig, wenig süß und ein bisschen nach Weihnachten. Sie passen zu Kuchen, besonders zu Käsekuchen, zu Vanilleeis und auch einfach so. Wenn Sie möchten, können Sie auch noch etwas Orangenschale unterrühren und diese vor dem Umfüllen entfernen.

Für etwa 400 ml
300 g reife Zwetschgen
2 EL brauner Zucker
200 ml Rotwein
6 Pimentkörner
1 Msp. Zimt
3 EL Haselnusskerne

1 Die Zwetschgen waschen, halbieren und entsteinen. In einen Topf füllen. Den Zucker und den Rotwein unterrühren, einmal aufwallen lassen, dann einige Minuten köcheln.

2 Die Pimentkörner zerstoßen und mit dem Zimt unter die Zwetschgen rühren. Weiter bei leichter Hitze abgedeckt köcheln, bis die Zwetschgen gegart und der Sud etwas eingedickt ist.

3 Die Haselnusskerne grob zerstoßen, unterrühren und einmal durchziehen lassen. Die Zwetschgen in ein sterilisiertes Glas abfüllen. Das Glas 10 Minuten lang in kochendem Wasser sterilisieren.

TIPPS

Pimentkörner sind meine Allzweckwaffe in der Küche. Um sie besser dosieren zu können, kaufe ich sie nicht ausgemahlen.

Die Haut von Haselnüssen lässt sich ganz leicht entfernen. Erwärmen Sie die Nüsse für einige Minuten im Ofen, geben Sie sie in ein Küchenhandtuch und reiben Sie die Nüsse aneinander.

Aprikosenchutney

Bei diesem leckeren Chutney kommen gleich zwei Techniken des Haltbarmachens zum Zuge, das Dörren und das Einkochen. Denn das Chutney wird aus reifen, selbst getrockneten Aprikosen gemacht, die garantiert ungeschwefelt und ohne Zusatzstoffe zubereitet werden. Ein Dörrautomat macht sich gut, aber ein Backofen tut es auch; es dauert nur länger. Aromatisiert ist es mit Gewürzen aus Indien, denn auch in Südostasien liebt man Aprikosen, isst sie aber oft eher süß-pikant zu Fleisch oder Gemüse oder ganz einfach zu Reis und Fladenbrot. Natürlich können Sie auch bereits getrocknete Aprikosen verwenden.

1 Die Aprikosen waschen, halbieren und entsteinen. Die Zitrone pressen, über die Aprikosen träufeln, 30 Minuten stehen lassen. Die Aprikosen nach Herstellerangabe etwa 5 Stunden im Dörrautomaten trocknen.

2 Die fertig getrockneten Aprikosen mindestens vier Stunden in kaltem Wasser einweichen. Die eingeweichten Aprikosen mit dem Weißweinessig oder dem Zitronensaft mit dem Pürierstab glatt pürieren. Das Garam Masala unterrühren.

3 Die Ingwerwurzel schälen, reiben und unterrühren. Alternativ die äußere Hülle von den Zitronengrassträngeln entfernen, das Innere fein hacken und unterrühren.

4 Die kleine rote Chilischote waschen und je nach gewünschtem Schärfegrad mit oder ohne Samen fein hacken und unterrühren.

5 Das Chutney in ein sterilisiertes Glas abfüllen und 10 Minuten in einem Wasserbad durchgaren.

Für etwa 350 ml

300 g reife, unversehrte Aprikosen oder 80 g getrocknete Aprikosen
½ Zitrone
1 EL Weißweinessig oder Zitronensaft
½ TL Garam Masala (Reformhaus, Bio- oder Asienladen)
2 cm Ingwerwurzel oder 1 – 2 Zitronengrasstängel
1 kleine rote Chilischote

Feigenchutney

Im Frühsommer und im Herbst finden Sie auf Wochenmärkten frische Feigen zu erschwinglichen Preisen. In größeren Städten oft an türkischen Gemüseständen, die Ihnen bei etwas Verhandlungsgeschick kurz vor Schluss auch ganze Steigen günstig verkaufen. Dann lohnt sich das Einmachen. Denn ein solches Feigenchutney schmeckt zu Schinken und Käse, aufs Brot und auch zu Geflügel.

1. Das Pflanzenöl in einer Pfanne erhitzen. Die Zwiebel abziehen und fein hacken. Die Zwiebel und den Ingwer bei leichter Hitze mehrere Minuten dünsten.

2. Die Rosinen bzw. die getrockneten Früchte mit dem Zucker und dem Essig unterrühren. Bei leichter Hitze köcheln, bis die getrockneten Früchte etwas weicher werden.

3. Die Zitrone pressen und mit dem Zimt und dem Pimentpulver verrühren und unterrühren. Leicht salzen.

4. Die Feigen sorgfältig abwaschen, die Stiele kappen. Die Feigen mit Schale fein schneiden und unterrühren. Abgedeckt einmal aufwallen lassen, dann einige Minuten köcheln, bis die Feigen weich sind.

5. Das Feigenchutney in ein sterilisiertes Schraubglas umfüllen.

Für etwa 400 ml
- 2 EL Pflanzenöl
- 1 kleine rote Zwiebel
- 1 TL frisch geriebener Ingwer
- 3 EL Rosinen oder getrocknete Früchte nach Belieben
- 100 g brauner Zucker
- 3 EL Essig, z. B. Apfelessig
- Saft von 1 Zitrone
- 1 Msp. Zimt
- ¼ TL Pimentpulver
- 1 Prise Salz
- 6 frische Feigen

Kürbis-Orangen-Chutney

Für dieses Chutney können Sie einen Kürbis nach Wunsch verwenden. Die Kombination mit den erfrischend fruchtigen Orangen passt immer, sei es ein Hokkaido, ein Gartenkürbis oder ein Butternut.

Für ca. 4 Gläser à 200 ml
500 g Zucker
250 ml Apfelessig
Saft von 2 Zitronen
1 TL ganze Nelken
1 kg gewürfeltes Kürbisfruchtfleisch
250 ml frisch gepresster Orangensaft

1. Aus dem Zucker, dem Apfelessig, dem Zitronensaft und den Nelken einen Sud kochen. Die Kürbiswürfel darin bissfest garen.

2. Kurz vor Ablauf der Kochzeit den frisch gepressten Orangensaft dazugeben. Noch einmal kurz aufkochen.

3. Noch heiß bis 2 cm unter den Rand in die Gläser füllen und gut verschließen. Kühl lagern.

VARIANTE
Sie können das Chutney durch die Zugabe von frischem Ingwer oder gemahlenen Gewürzen wie Piment, Zimt oder Chili geschmacklich variieren.

TIPP
Sehr lecker schmeckt dieses Chutney auch zu Käse, ob zu Weichkäse oder sogar zu einem einfachen Gouda oder einem würzigen Tilsiter.

Maisrelish mit Tomaten

Im Hochsommer, wenn es Maiskolben auf den Wochenmärkten oder auf den Feldern gibt und Tomaten in den unterschiedlichsten Aromen zwischen säuerlich und süß, pikant oder mild angeboten werden, schmeckt dieses so einfache Relish besonders gut. Es hält sich mehrere Tage im Kühlschrank. Die geräucherten Chilis geben ihm ein herzhaftes, an Fleisch erinnerndes Aroma. Das Relish schmeckt besonders gut zu Grillfleisch.

Für etwa 400 ml
2 Maiskolben
1 kleine Knoblauchzehe
2 EL Oliven- oder Rapsöl
200 g Tomaten nach Belieben
10 Stängel Basilikum
1 TL Balsamicoessig
1 Msp. geräuchertes Chilipulver (Chipotle)
Salz
Schwarzer Pfeffer aus der Mühle

1 Die Maiskolben waschen und abtrocknen. Über einer breiten Schüssel mit einem Messerrücken die Kerne abschaben. Die Knoblauchzehe abziehen und fein hacken.

2 Das Öl in einer Pfanne erhitzen. Beides unter Rühren einige Minuten anbraten. Die Tomaten waschen, grob hacken und unterrühren, noch einige Minuten garen.

3 Die Basilikumstängel waschen und im Ganzen einhängen, abgedeckt 5 Minuten bei leichter Hitze köcheln, bis sich das Basilikumaroma entfaltet und der Saft aus den Tomaten etwas verkocht ist.

4 Das Basilikum entfernen. Maisrelish mit Balsamicoessig, Chilipulver, Salz und schwarzem Pfeffer pikant würzen. Abgedeckt oder in Schraubgläsern im Kühlschrank aufbewahren. Das Relish ist einige Tage haltbar.

TIPP
Sie bekommen Chipotle-Chilipulver in Gewürzläden oder in Onlineshops. Mit frischer Chili schmeckt es schärfer.

Zwiebelrelish mit Rosinen

Dieses Rezept ist ein Retroklassiker aus den 1960er-Jahren, den ich sehr gerne wieder populär machen möchte. Die Kombination aus süß, weinig und würzig ist einfach unschlagbar. Frische Perlzwiebeln eignen sich für dieses Rezept besonders gut, allerdings ähnelt das Abziehen bei diesen Kügelchen einer Strafarbeit. Wenn Sie von der schnellen Truppe sind, dann empfehlen sich kleine Schalotten, die Sie nach dem Abziehen halbieren.

1. Die Rosinen im Weißwein einweichen. Die Perlzwiebeln oder Schalotten abziehen. Die Schalotten halbieren. Die Karotte schälen und fein würfeln.

2. Das Olivenöl in einer Pfanne erwärmen. Die Perlzwiebeln oder Schalotten und die Karottenstücke mit dem Lorbeerblatt einige Minuten erwärmen, dann mit den Rosinen und dem Weißwein ablöschen und einige Minuten köcheln lassen.

3. Das Tomatenmark und den Zitronenthymian unterrühren, einige Minuten köcheln, bis das Tomatenmark aufgelöst ist. Die Thymianstängel wieder entfernen.

4. Mit Salz und Pfeffer abschmecken und in sterilisierte Gläser abfüllen. Hält etwa zwei Wochen im Kühlschrank.

Für etwa 400 ml
3 EL Rosinen
200 ml Weißwein
250 g Perlzwiebeln oder kleine Schalotten
1 Karotte
1 EL Olivenöl
1 Lorbeerblatt
1 EL Tomatenmark
3 Stängel Zitronenthymian
Salz
Schwarzer Pfeffer aus der Mühle

TIPP
Dieses Relish schmeckt sehr gut zu einer Aufschnittplatte mit Wurst oder Käse.

Gemüse-Relish

Ein Relish soll würzig sein. Hier schmeckt es sowohl säuerlich, etwas scharf als auch leicht süß. Eine ideale Aromenkombination zu Käsesorten aller Art. Und eine clevere Art, Männer an Gemüse heranzuführen …

1 Die Tomaten waschen, 3–5 Minuten in kochend heißes Wasser legen, enthäuten und in Stücke schneiden.

2 Die Zucchini und die Paprikaschoten waschen und trockentupfen. Die Zucchini vierteln und in Stücke schneiden. Die Paprika ebenfalls vierteln, weiße Rippen sowie Kerne entfernen und in Streifen schneiden. Die Zwiebeln schälen und in Ringe schneiden. Die Knoblauchzehen abziehen und pressen.

3 Das Olivenöl in einem Topf erhitzen und das vorbereitete Gemüse darin bissfest garen.

4 Den Rohrzucker im Kräuteressig auflösen und mit Salz, Currypulver, Paprikapulver und Pfeffer abschmecken.

5 Den Essigsud über das gedünstete Gemüse geben und 3–4 Minuten bei mäßiger Hitze unter mehrmaligem Umrühren weich kochen. Mit dem Pürierstab pürieren.

6 Mit Tomatenmark und den anderen Gewürzen abschmecken. Ein weiteres Mal aufkochen und noch heiß in die vorbereiteten Twist-off-Gläser füllen. Gut verschließen und kühl lagern.

TIPP
Mit solchen Gemüse-Relishes können Sie auch einer simplen Tomatensauce für Pasta zu mehr Pfiff verhelfen.

Für 3 Gläser à 500 ml
250 g Tomaten
250 g Zucchini
4 Paprikaschoten
  (2 rote, 2 grüne)
5 mittelgroße Zwiebeln
3 Knoblauchzehen
6 EL Olivenöl
250 g Rohrzucker
125 ml Kräuteressig
1 EL Salz
1 TL Currypulver
1 EL Paprikapulver
1 TL schwarzer Pfeffer
  aus der Mühle
Tomatenmark nach Bedarf

Fixe Gurken

Cornichons und Essiggurken sind nur relativ kurze Zeit auf den Wochenmärkten zu bekommen. Wer keinen eigenen Garten hat, verpasst dann vielleicht die Zeit zum Einlegen. Deshalb ist dieses Rezept mit den etwas größeren Gärtnergurken gemacht, die es im Herbst überall gibt. Diese Gurken halten in der Kühlung etwa eine Woche, sind aber unglaublich fix gemacht.

Für etwa 400–500 ml
- 2 Gärtnergurken
- 2 EL Salz
- 4 EL Essig
- 1 TL Ahornsirup (oder 1 EL feinster Zucker)
- 4 Stängel Dill
- 2 EL Senfsamen

1. Die Gärtnergurken waschen, längs in Streifen schneiden, die sich in ein Einmachglas einpassen lassen. Das Salz mit dem Essig, dem Ahornsirup oder Zucker verrühren und mit 100 ml heißem Wasser verdünnen. Diese Marinade angießen.

2. Die Dillstängel kalt abbrausen, die Stängel kappen, die Dillkronen in das Glas drücken. Die Senfsamen einstreuen. Das Glas sorgfältig verschließen und gut durchschütteln. Bei Bedarf noch heißes Wasser angießen, bis die Gurkenstücke vollständig bedeckt sind.

3. Das Glas 2 Tage auf dem Balkon stehen lassen (es kann dabei ruhig Sonne abbekommen). Dann öffnen, um etwaige sich bildende Gase entweichen zu lassen. Das Glas sorgfältig verschließen, nochmals gut durchschütteln und im Kühlschrank aufbewahren.

TIPP
Solche Gurken schmecken besonders lecker zu Hamburgern; da sie nicht zu würzig sind, mögen auch Kinder sie, jedenfalls in meinem Bekanntenkreis.

Zucchini im Glas

Zucchini lassen sich relativ fix und kreativ einmachen, beispielsweise mit jungem Knoblauch auf italienische Art. Sie können das Gemüse als Antipasto servieren, als würzige Gemüsesauce zu Pasta oder als Beilage zu Fleisch. Auch schön als Belag eines Sandwiches mit Käse und gekochtem Schinken.

Für etwa 500 ml
500 g Zucchini
  (etwa 2 mittelgroße)
3 Zehen junger
  Knoblauch
1 Bund glatte Petersilie
100 ml Olivenöl
Salz
Schwarzer Pfeffer
  aus der Mühle
1 EL Balsamicoessig

1 Die Zucchini putzen, waschen und in feine Scheiben schneiden. Die Knoblauchzehen abziehen und ganz fein hacken.

2 Die Petersilie kalt abbrausen, trockenschütteln, die Blättchen fein hacken und mit den Knoblauchzehen verrühren, beiseitestellen.

3 2 EL Olivenöl in einer großen Pfanne erhitzen. Etwa ein Drittel der Zucchini von beiden Seiten bei mittlerer Hitze anbraten, salzen und pfeffern. Wichtig: Nicht zu viel Zucchini gleichzeitig in die Pfanne geben, denn dann können die Scheiben nicht braten, sondern garen im Saft.

4 Die erste Portion gebratener Zucchinischeiben auf Küchenpapier abtropfen lassen. Den Vorgang wiederholen, bis alle Zucchinischeiben angebraten sind.

5 Die Zucchinischeiben in dünnen Lagen in ein gut verschließbares Gefäß schichten, zwischendurch mit der Petersilien-Knoblauch-Mischung bestreuen und mit etwas Balsamicoessig beträufeln.

Suppengemüse

Ich möchte eine Lanze für das klassische Suppengemüse brechen. Denn es ist gar nicht spießig und altmodisch, sondern gibt mit wenig Kalorien viel Geschmack. Außerdem ist es, selbst eingemacht, sehr preisgünstig.

Für ca. 4 Gläser à 500 ml
500 g Lauch, geputzt und in Ringe geschnitten
500 g Sellerie mit Grün, in kleine Stücke geschnitten (Selleriegrün grob gehackt)
500 g Karotten, in kleine Stücke geschnitten
1 TL Salz

1. Die Gemüse jeweils in 2 l leicht gesalzenem Wasser 2 Minuten blanchieren und in eiskaltem Wasser abschrecken. Gut abtropfen und abkühlen lassen.

2. Die Gemüse danach in die vorbereiteten Gläser bis 4 cm unter den Rand einschichten. Das Selleriegrün darüberstreuen.

3. Aus 750 ml Wasser und dem Salz einen Sud kochen und heiß bis 2 cm unter den Rand über das Gemüse gießen. Die Gläser gut verschießen und in einen Einkochtopf stellen.

4. Den Einkochtopf bis ¾ der Glashöhe mit heißem Wasser auffüllen und das Einmachgut eine Stunde bei 100 °C pasteurisieren.

5. Um ein Nachgaren zu verhindern, die Gläser sofort nach Ablauf der Kochzeit aus dem Einkochtopf entnehmen. Abkühlen lassen und kühl lagern.

TIPP
Das Suppengemüse eignet sich auch als Basis für Fleisch- und Fischgerichte.

Lukullus-Tomaten »mediterran«

Kein Wunder, dass die Österreicher Tomaten »Paradeiser« nennen! Sie sind unglaublich vielseitig einsetzbar, als Suppe, als Sauce, als Gemüse, als Snack, sie passen zu herzhaften Aromaträgern wie in diesem Rezept und machen mit ihrer fröhlichen Farbe auch optisch was her.

Für etwa 3 Gläser à 300 ml
1 kg Tomaten
1 rote Paprikaschote
1 Peperoni
3 Knoblauchzehen
2 mittelgroße Zwiebeln
2 EL Olivenöl
1 EL Salz
1 EL Pizzagewürz
1 TL Oregano
Paprikapulver
Schwarzer Pfeffer aus der Mühle

1 Die Tomaten waschen, vierteln und die grünen Stielansätze herausschneiden. Weiße Rippen und Kerne aus Paprikaschote und Peperoni entfernen, beides klein schneiden. Den Knoblauch und die Zwiebel schälen und in Stücke schneiden.

2 Das Olivenöl erhitzen, Knoblauch und Zwiebel darin glasig dünsten. Tomaten, Paprika und Peperoni dazugeben.

3 Mit Salz, Pizzagewürz und Oregano abschmecken und 10–15 Minuten weich dünsten.

4 Vom Herd nehmen, mit dem Pürierstab pürieren, mit Pfeffer und Paprika abschmecken. Noch heiß abfüllen, gut verschließen. Kühl lagern.

Eingelegte Rosmarin-Zucchini

Der Nachteil von Zucchini – ihr milder Geschmack – ist gleichzeitig ihr großer Vorteil. Sie können ordentlich Aromen vertragen, in diesem Rezept von Nelken über Lorbeer bis Cayennepfeffer und natürlich Rosmarin.

1. Die Zucchini waschen, trockenreiben und in dicke Scheiben schneiden. Zwiebeln schälen und klein schneiden. Knoblauch abziehen und fein schneiden. Das Olivenöl in einem großen Topf erhitzen und beides darin glasig dünsten. Weißwein, Weißweinessig und Gemüsebrühe dazugeben. Alles zum Kochen bringen.

2. Lorbeerblätter, Nelken, Wacholderbeeren und Pfefferkörner dazugeben. Mit Salz, Pfeffer, Cayennepfeffer, Zucker und Zitronensaft abschmecken.

3. Den Rosmarin waschen, auf einem Küchentuch trockentupfen. Die Nadeln von den Zweigen entfernen, in den abgeschmeckten Sud geben und 5–6 Minuten bei mäßiger Hitze unter mehrmaligem Umrühren köcheln lassen.

4. Die Zucchinischeiben in den Sud geben und einmal kräftig aufkochen. Noch heiß in die vorbereiteten Twist-off-Gläser füllen. Gut verschließen und kühl lagern.

TIPP
Sie haben den Erntezeitpunkt der Zucchini verpasst? Kein Problem – aus groß gewachsenen Zucchini können Sie eine tolle Basis für Zucchinisuppen, Nudelsaucen oder eine Zucchinisauce mit heller Einbrenne zu verschiedenen Aufläufen zaubern: Zucchini waschen, halbieren, den Mittelteil samt Kernen mit einem Löffel herausschälen und in dicke Scheiben schneiden. In wenig Salzwasser weich kochen, mit dem Pürierstab pürieren und abkühlen lassen. Das Püree portionsweise einfrieren.

Für 4–6 Gläser à 435 ml
2 kg Zucchini
2 mittelgroße Zwiebeln
5 Knoblauchzehen
100 ml Olivenöl
125 ml trockener Weißwein
250 ml Weißweinessig
1 l Gemüsebrühe
2–3 Lorbeerblätter
6 Nelken
1 TL Wacholderbeeren
2 EL bunte Pfefferkörner
Salz
Schwarzer Pfeffer aus der Mühle
Cayennepfeffer
½ TL Zucker
Etwas Zitronensaft zum Abschmecken
2 große Zweige Rosmarin

Limetten-Pickle

Aus der indischen Küche stammen die sehr aromatischen Pickles, mit denen sich Reisgerichte oder Gemüse wunderbar auffrischen lassen. Bio-Limetten gibt es mittlerweile in vielen Bioläden.

Für etwa 500 ml
6 Bio-Limetten
1 EL grobes Salz
1 2 EL Senfsamen
1 TL Kreuzkümmel
1 TL Koriander
1 kleine rote Chilischote
2 EL Weißweinessig
4 EL Zucker

1 Die Limetten waschen, der Länge nach in drei Scheiben schneiden, diese vierteln. Mit dem Salz in einer Schüssel 2 Tage durchziehen lassen, zwischendurch häufiger durchrühren.

2 Eine beschichtete, mittelgroße Pfanne erhitzen. Die Gewürze und die Chilischote bei leichter Hitze unter ständigem Rühren 1 Minute erwärmen, bis sich ihr Aroma entfaltet.

3 Die Limetten mit dem Salz und den Weißweinessig unterrühren. Einmal aufwallen lassen, dann den Zucker einrühren. Bei leichter Hitze etwa 15 Minuten einköcheln, bis die Flüssigkeit verdampft ist. In sterilisierte Gläser abfüllen.

TIPP
Lassen Sie sich inspirieren: In Indien werden Pickles zu Reisgerichten serviert, schmecken auch gut zu üppigen Fleischgerichten und machen aus einfachem Gemüse eine pfiffige Beilage.

Piccalilli

Piccalilli ist die englische Variante würziger Pickles mit indischen Wurzeln, schmeckt allerdings nicht so aromatisch-exotisch, sondern passt sehr gut zu einer Käse- oder Aufschnittplatte und auch zu einem richtig deutschen Abendbrot.

1. Den Blumenkohl putzen, in ganz kleine Röschen teilen, diese waschen. Die Gemüsezwiebel abziehen und fein schneiden. Die grünen Bohnen entstängeln und halbieren. Das Salz in 1 l lauwarmem Wasser auflösen, das Gemüse unterrühren und über Nacht abgedeckt an einem kühlen Ort stehen lassen.

2. Das Gemüse aus der Lake heben und gut abtropfen lassen. Den Essig mit dem Zucker unter Rühren in einem Topf erwärmen. Das Mehl mit etwas Lake zu einer cremigen Paste verrühren. Diese Paste unter den Essig rühren und bei leichter Hitze etwa 10 Minuten köcheln, bis die Flüssigkeit etwas eindickt. Die Gewürze unter den Essig rühren.

3. Das Gemüse in Einmachgläser schichten und mit der heißen Essigmischung begießen. Die Gläser gut verschließen, kühl stellen und an den folgenden Tagen mehrmals täglich gut durchschütteln, damit sich die Marinade verteilt.

TIPP
Beim Einschichten des Gemüses bereits auf die Optik achten – Blumenkohlröschen mit grünen Bohnen abwechseln. Dann machen solche Gläser auch im Ganzen auf einer Platte einen schönen Eindruck.

Für etwa 800 ml
1 kleiner Blumenkohl
1 Gemüsezwiebel
250 g grüne Bohnen
100 g Salz
500 ml Weißweinessig
150 g Zucker
2 EL Mehl
2 EL Senfsamen
20 Pfefferkörner
6 Gewürznelken

Essigfrüchte

Aus der klassischen deutschen und österreichischen Küche stammen Essigfrüchte, tatsächlich kein Obst, sondern süßsauer eingelegte Gemüse mit viel frischem Meerrettich. Sie passen prima zu einem Imbiss. Variieren Sie auch mal bei den verwendeten Gemüsen.

1. Die Karotten schälen und in diagonale Stücke von etwa 1 cm Breite schneiden. Die grünen Bohnen waschen, putzen und halbieren. Die Paprikaschote halbieren, von den Samen und Samensträngen befreien und in dünne Streifen schneiden.

2. Den Blumenkohl waschen, nur die Röschen verwenden. Die Schalotte abziehen und in ganz feine Ringe schneiden. Die Gärtnergurken waschen und längs vierteln. Den Meerrettich schälen und mit einem Sparschäler in feinen Streifen abziehen.

3. Einen mittelgroßen Topf mit stark gesalzenem Wasser (ca. 2 EL) aufsetzen. Das Gemüse bis auf den Meerrettich darin nacheinander etwa 4 Minuten köcheln, herausheben und in eine Schüssel geben.

4. Den Meerrettich, den Weinessig, den Zucker, das Paprikapulver und die Senfsamen unterrühren. Das Gemüse zurück ins Garwasser geben und abgedeckt einige Minuten köcheln lassen, bis es bissfest ist. In Einmachgläser abfüllen und kühlen.

5. Am nächsten Tag den Sud aus den Gläsern in einen Topf gießen, nochmals aufkochen lassen, dann heiß über das Gemüse in den Gläsern gießen und sorgfältig verschließen.

Für etwa 800 ml
2 Karotten
250 g grüne Bohnen
1 rote Paprikaschote
¼ Blumenkohl
1 Schalotte
3 Gärtnergurken
¼ Stange Meerrettich
2 EL Salz
150 ml Weinessig
3 EL Zucker
1 EL edelsüßes Paprikapulver
1 EL Senfsamen

Sauerkraut

Die Geschichte der Witwe Bolte ist ein so urtypisch deutsches Thema, dass man vergessen könnte, dass es Sauerkraut auch anderswo gibt als bei uns. Im Elsass beispielsweise, wo es unser Sauerkraut an Herzhaftigkeit und Fleischbeilagen um einiges überbietet und, zumindest was den Fleischanteil des Gerichts anbelangt, eher mit unserem deutschen Grünkohl vergleichbar ist.

Für etwa 1000 ml
1 Weißkohl
2 EL Salz
2 EL Kümmel
   (nach Belieben)

Außerdem
Einige saubere Steine
Stoff und Bindfaden

1 Den Weißkohl von den äußeren Blättern befreien, diese waschen und beiseitelegen. Den restlichen Weißkohl vierteln und den Strunk entfernen. Jedes Viertel noch einmal der Länge nach halbieren. Diese acht Stücke mit einem scharfen Messer an der schmalen Seite hauchdünn aufschneiden. In ein großes Sieb geben und mit kaltem Wasser abbrausen, dann sorgfältig trockentupfen.

2 Den geraspelten Weißkohl in eine große Schüssel geben. Das Salz über die Kohlraspel streuen und mit den Fingern sorgfältig und mit etwas Kraft einkneten. Nach einigen Minuten des Knetens und Drückens werden die Raspel etwas weicher und lassen Wasser. Nach Wunsch die Kümmelsamen unterrühren.

3 Die Weißkohlraspel aus der Schüssel heben und auf mehrere große Einmachgläser mit einem breiten Rand verteilen. Darüber die ganzen Weißkohlblätter legen und mit der Faust, einem Messerrücken oder einem schmalen dickwandigen Glas die Weißkohlraspel fest nach unten drücken. Einige saubere Steine auf die Weißkohlblätter legen, um die Weißkohlraspel zu beschweren.

4 Die Gläser mit etwas Stoff und Bindfaden verschließen und 24 Stunden bei Zimmertemperatur durchziehen lassen, zwischendurch bei Gelegenheit die Weißkohlraspel unter den Weißkohlblättern fest runterdrücken. Die Gärflüssigkeit sollte jetzt schon über die Blätter reichen.

5 Diesen Vorgang noch mehrere Tage wiederholen, zwischendurch das Sauerkraut probieren. Wenn es schmeckt, ohne die Weißkohlblätter oder Gewichte in sterilisierte Gläser abfüllen, fest verschließen und im Kühlschrank aufbewahren.

Kimchi

Gemüse milchsauer einlegen kennt man auch in Asien. In Korea kommt solches Gemüse fast täglich auf den Tisch, allerdings mit einer Schärfe, die Witwe Bolte mehr noch als die Bösewichte Max und Moritz um den Verstand gebracht hätte. Der verwendete Chinakohl eignet sich perfekt zum Einlegen. Er zieht sehr viel Wasser, bleibt dadurch knackig und frisch und behält auch seine leichte Süße. Wenn Sie das koreanische Originalgewürz Gochugaru bekommen (getrocknete Chilis ohne Samen), können Sie damit die für unsere Geschmacksgewohnheiten gedachte Chili-Cayenne-Mischung ersetzen. Koreaner messen Chiliflocken übrigens in Esslöffeln, nicht etwa in Teelöffeln.

Für etwa 600 ml
- 1 kleiner Chinakohl
- 2 EL grobes Meersalz
- 1 kleine Knoblauchzehe
- 2 cm Ingwerwurzel
- 1 Prise Zucker
- 1–2 TL Chilipulver
- 1 Msp. gemahlenen Cayennepfeffer oder nach Belieben
- ½ kleiner Daikon-Rettich oder Winterrettich
- 1 kleines Bund Frühlingszwiebeln

1 Den Chinakohl von den äußeren Blättern befreien und längs vierteln. Die Strünke entfernen. Den Kohl in größere Blättchen (etwa 3 × 3 cm) schneiden, kalt abbrausen und trockentupfen.

2 Die Kohlblättchen mit dem Salz in eine größere Schüssel geben. Das Salz in die Blättchen einmassieren. Dann kaltes Wasser angießen, bis der Kohl bedeckt ist. Die Schüssel mit einem Deckel oder Teller abdecken, mit Konserven beschweren und etwa 2 Stunden ziehen lassen.

3 Die Kohlblättchen unter kaltem Wasser gut abspülen und in einem Sieb abtropfen lassen. Die Knoblauchzehe abziehen und fein hacken, die Ingwerwurzel schälen und fein reiben. Beides mit dem Zucker, dem Chilipulver und dem Cayennepfeffer in einem Schüsselchen verrühren.

4 Den Daikon- oder Winterrettich schälen und in feine Streifen schneiden. Die Frühlingszwiebeln vom Grün befreien, putzen und in feine Röllchen schneiden. Alles in einer Schüssel gut durchrühren.

5 In sterilisierte Einmachgläser umfüllen, fest verschließen und bei Zimmertemperatur mindestens 3 Tage durchziehen lassen. Dabei mehrfach am Tag prüfen, ob das Gemüse noch durchfeuchtet ist, sonst in die Flüssigkeit drücken oder schütteln.

6 Zwischendurch probieren: Wenn es schon aromatisch schmeckt, die Gläser in den Kühlschrank stellen und noch 1–2 Tage durchkühlen lassen.

Bärlauch-Pesto

Bärlauch ist das klassische Frühlingsgewürz. Aber die unschuldig aussehenden grünen Blätter haben es geschmacklich ganz schön in sich. Sie schmecken wesentlich stärker nach Knoblauch als der frische junge Knoblauch selbst. Also lieber Vorsicht beim Dosieren walten lassen.

1. Den Bärlauch waschen, auf ein Küchentuch legen und trockentupfen, etwas klein schneiden. Die Knoblauchzehen abziehen und fein hacken.

2. Den Bärlauch, den Knoblauch, die Walnüsse und das Salz mit der Hälfte des Olivenöls in eine Schüssel geben. Mit dem Pürierstab fein pürieren.

3. Das restliche Öl und den geriebenen Parmesan einrühren, mit Salz und Pfeffer abschmecken.

VARIANTE

Dieses Grundrezept kann auch mit Rucola oder Basilikum hergestellt werden. Im Sommer besonders lecker: neue Basilikumsorten wie Zimtbasilikum.

TIPP

Kühl lagern und angebrochene Gläser rasch verbrauchen, Parmesan und Walnüsse verkürzen die Haltbarkeit. Zur Haltbarkeit die Oberfläche des Pestos immer mit Olivenöl bedeckt halten.

Für etwa
2 – 3 kleine Gläser
100 g Bärlauch
2 Knoblauchzehen
70 g gehackte Walnüsse
1 TL Salz
150 ml kalt gepresstes Olivenöl
70 g geriebener Parmesan
Schwarzer Pfeffer aus der Mühle

Pesto mit getrockneten Tomaten

Ein Pesto aus getrockneten Tomaten ist ein Alleskönner. Vom Sandwichbelag über einen mit Crème fraîche vermischten Dip bis zur würzigen Antipastiplatte lässt sich damit aromatisch eigentlich alles abdecken.

Für 2 – 3 kleine Gläser
200 g getrocknete Tomaten in Öl, gut abgetropft
100 g Basilikum
2 Knoblauchzehen
1 frische Chilischote
150 ml Olivenöl
Salz
Schwarzer Pfeffer aus der Mühle

1 Die getrockneten Tomaten in Streifen schneiden. Basilikumblättchen abzupfen, waschen und auf einem Küchentuch trockentupfen. Den Knoblauch abziehen. Die Chilischote waschen, halbieren, die weißen Rippen und alle Kerne entfernen und klein schneiden.

2 Alles mit der Hälfte des Olivenöls in eine Schüssel geben und mit dem Pürierstab pürieren.

3 Mit Salz und Pfeffer abschmecken. Gegebenenfalls noch etwas Olivenöl dazugeben.

4 Das Pesto in vorbereitete kleine Twist-off-Gläser füllen. Gut verschließen und kühl lagern. Zur Haltbarkeit die Oberfläche des Pestos immer mit Olivenöl bedeckt halten.

TIPP
Köcheln Sie solche getrockneten Tomaten ohne Ölsud mal in Weißweinresten. Schmeckt sehr lecker!

Tomatenketchup

Vielleicht wissen Sie, dass industriell hergestellter Tomatenketchup vorrangig nicht etwa aus Tomaten, sondern aus Zucker besteht, der natürlich viel billiger ist. Hier ist es selbstverständlich genau andersherum. Viel gesünder. Und aromatischer.

Für ca. 3 Flaschen à 250 ml

- 1 kg reife Tomaten
- 2 mittelgroße Zwiebeln
- 2 EL Olivenöl
- 125 ml Weißweinessig
- 2 EL Zucker
- 1 TL zerstoßene Pfefferkörner
- 2 Nelken
- 5 zerstoßene Pimentkörner
- 1 TL Salz

1 Die Tomaten waschen und vierteln. Die grünen Stielansätze herausschneiden.

2 Die Zwiebeln fein hacken und zunächst im heißen Öl glasig dünsten.

3 Die Tomatenstücke dazugeben. Weißweinessig, Zucker, Gewürze und Salz hineingeben und unter mehrmaligem Rühren zu einem dicken Brei einkochen lassen. Den Topf vom Herd nehmen und mit dem Pürierstab pürieren.

4 Abschmecken, einmal kurz aufkochen und noch heiß in die vorbereiteten Flaschen abfüllen.

5 Den Ketchup mit etwas Olivenöl bedecken, gut verschließen und kühl lagern.

TIPP
Tomatenketchup ist übrigens ein perfekter Abschmecker für Fleischpflanzerl (auf Hochdeutsch: Buletten oder Frikadellen).

Meerrettichsauce

Diese Meerrettichsauce ist ein perfekter, würziger Begleiter von Kartoffelpüree, passt auch gut in ein Kartoffelgratin, zu Steaks, zu Lamm, auch zum selbst gebeizten Lachs und natürlich auf eine klassische Abendbrotplatte mit Käse und Wurst. Meerrettich bekommen Sie als ganze Wurzel auf Wochenmärkten.

1 Die Meerrettichwurzel bei Bedarf schälen. Mit einer feinen Reibe hauchdünn in eine Schüssel reiben.

2 Die restlichen Zutaten unterrühren und die Sauce bei Bedarf noch leicht nachsalzen.

3 Die Meerrettichsauce in einen luftdichten Behälter abfüllen und mehrere Stunden durchkühlen.

TIPPS

Wenn Sie die Meerrettichwurzel schälen und im Ganzen einfrieren, können Sie sie tiefgefroren verwenden. Die Wurzel verliert dann allerdings einiges an Schärfe. Dosieren Sie bei tiefgefrorenem Meerrettich etwa die doppelte Menge.

Diese Sauce hält im Kühlschrank mehrere Wochen. Zum Reiben von ganz feinen Flocken ist eine Microplane®-Reibe ideal.

Sicherlich wissen Sie, dass man beim Umgang mit frischen Chilis aufpassen sollte, dass sie nicht an die Schleimhäute geraten. Wenn Sie einmal aus Versehen nach dem Aufschneiden von Chilis an Ihr Auge gefasst haben, wissen Sie, was ich meine. Meerrettich brennt fast genauso – auch hier empfehlen sich also ein sorgsamer Umgang und ein sofortiges Händewaschen, nachdem Sie den frischen Meerrettich gerieben haben.

Für etwa 150 ml

4 cm frische Meerrettichwurzel
1 EL Weißweinessig
Einige Spritzer Zitronensaft
1 EL Zucker
1 TL Senf
Salz
150 g Schmand

Pflaumensauce

Wie fein sich Fleisch und Obst ergänzen können, sieht man am Beispiel dieser Pflaumensauce, die ihren Ursprung in der chinesischen Küche hat. Sie wird dort vor allen Dingen zu Schweinefleisch in jeglicher Form serviert, passt aber auch gut zu Geflügel (auch der berühmten Pekingente) und als Dip zu Frühlingsrollen.

Für etwa 400 ml

10 Pflaumen
1–3 kleine Knoblauch-
   zehen
2 cm Ingwerwurzel
1 kleine rote Zwiebel
4 EL Sojasauce
1 TL Fünf-Gewürze-Pulver
3 EL Reisessig
   oder Sherryessig
2 EL Zucker

1 Die Pflaumen waschen, halbieren, entsteinen und vierteln. Die Knoblauchzehen abziehen und ganz fein hacken. Die Ingwerwurzel schälen und sehr fein reiben. Die rote Zwiebel abziehen und fein reiben.

2 Alles mit den restlichen Zutaten in einem Topf einmal aufwallen lassen, dann einige Minuten köcheln, bis die Pflaumensauce etwas eindickt.

3 Die Sauce nach Wunsch pürieren.

4 In sterilisierte Gläser abfüllen und kühl stellen.

TIPP
Wichtig ist, dass Sie Pflaumen (rund) und keine Zwetschgen (oval) verwenden. Wenn Sie das Aroma von Knoblauch nur in reduzierter Form mögen, machen Sie's wie ich: Ich verwende ausschließlich frischen Knoblauch.

Dörren & Trocknen

… klingt eigentlich nicht so sexy. Aber weit gefehlt. Diese Methoden der Haltbarmachung sind ganz groß, wenn es um den puren Geschmack geht. Ob getrocknete Tomaten oder selbst gesammelte Pilze, ob Mangos, Ananas oder weihnachtliche, duftende Pomander – erst gedörrt oder getrocknet entfaltet sich ihr ganzes Aroma.

Geschmackserhaltend und lange lagerfähig

Ein Lebensmittel zu trocknen oder zu dörren ist nicht nur eine Art der Haltbarmachung. Diese Verfahren bringen auf ganz natürliche Weise auch eine enorme Geschmackverbesserung. Doch wo liegen die Unterschiede? Im Alltag verwenden wir die Begriffe oft synonym, beispielsweise, wenn wir von Trockenobst reden. **Gedörrt** heißt, dass Hitze mit im Spiel war, beispielsweise im Backofen oder im Dörrautomaten. **Getrocknet** wird ein Lebensmittel an der Luft.

Schon in vorchristlicher Zeit wurden Getreideprodukte, Kräuter, Fisch, Obst, Gemüse und Fleisch haltbar gemacht, indem sie an der Luft getrocknet wurden. Im Klima des südlichen Mittelmeers oder im Alten Persien war das Trocknen die wohl beliebteste Methode der Haltbarmachung. Feigen und Datteln sind heute die bekanntesten und beliebtesten unter den exotischen Fruchtimporten. In den Ursprungsländern werden sie, ähnlich wie die getrocknete Tomaten in Italien oder der Türkei, oft noch in Heimarbeit hergestellt.

Trocknen

Beim Trocknen wird dem Lebensmittel bis zu zwei Drittel seines Ursprungsgewichts entzogen, nämlich das Wasser. Durch dieses Trocknen wird gleichzeitig das Bakterienwachstum unterbrochen: Ohne Wasser können Mikroorganismen nicht leben.

Doch nicht nur die Sonne spielt beim Trocknen eine wichtige Rolle. Die Wikinger wären ohne ihr »Powerfood«, getrockneten Kabeljau, wohl weder über den Großen Teich gelangt noch bei ihren Beute- und Eroberungszügen gesundheitlich gut genug versorgt gewesen, um anderswo Angst und Schrecken zu verbreiten. Ihnen half der Wind, der schon damals mit sportlicher Geschwindigkeit vom Atlantik blies und dafür sorgte, dass Fisch, der im Freien aufgehängt wurde, schnell und gleichmäßig trocknen konnte. Fisch vorm Reihenhaus zu trocknen ist vielleicht nicht ganz so praktikabel. Aber wenn Sie einen Ort haben, der trocken und gut belüfetet ist und eine Temperatur von 30–40 °C hat, kann das Trocknen über einen relativ kurzen Zeitraum erfolgen. Das bringt den Erfolg: Denn ein zu langer oder unterbrochener Trocknungsprozess birgt die Gefahr, dass das Lebensmittel dabei verdirbt.

Wenn Sie nicht draußen, sondern im Haus oder in der Wohnung trocknen wollen, dann werden Ihre Räume während solcher Zeiten ganz natürlich beduftet. Denn was schon im frischen Zustand aromatisch duftet, ob Kräuter oder Obst, das riecht auch angenehm, während es trocknet. Zum Trocknen eignet sich die Heizung, ganz ideal sind Kachelöfen oder ein sauberer, gut durchlüfteter Dachboden, dessen Verstrebungen Sie dazu nützen können, Ihre aufgefädelten Apfel- oder Birnenscheiben aufzuhängen und dann über mehrere Tage zu trocknen.

Verfärbungen, wie sie beispielsweise beim Trocknen von Äpfeln passieren, lassen sich ganz einfach vermeiden: Äpfel fein schneiden, vom Kerngehäuse befreien, blanchieren und dann kurz in Zitronenwasser tauchen. Alternativ können Sie die Verfärbung auch mit etwas Ascorbinsäure (Apotheke) verhindern, die überdies den Geschmack nicht beeinflusst. Die Apfelschalen lassen sich übrigens auch trocknen; aufgeschnitten als Spiralen, aufgefädelt an einem Band und nach einigen Tagen des Trocknens als Apfeltee zu verwenden – schmeckt viel besser als der aus der Apotheke und man weiß, was drin ist, nämlich Apfelscheiben und Luft.

Die meisten Obstsorten lassen sich gut trocknen, was sich am großen Angebot von Trockenobst zum Knabbern oder als Aromazutat im Müsli unschwer erkennen lässt. Industriell getrocknete Früchte sind zur besseren

Haltbarkeit und Optik oft geschwefelt. Ersteres macht natürlich Sinn, wenn man seine Früchte in gleichbleibender Qualität flächendeckend in deutsche Supermärkte bringen will. Aber für Ihre eigene kleine Werkstatt, mit der Sie Ihre Familie gesund und abwechslungsreich ernähren wollen, und wenn Sie vielleicht auch an selbst gemachte Geschenke denken, die innerhalb eines kürzeren Zeitraums verzehrt werden, ist das Schwefeln von Obst nicht erforderlich.

Dörren

Wenn Sie Obst und Gemüse **dörren** möchten, dann kommt Wärme ins Spiel. Dörren Sie – wie ich – gerne, dann ist ein **Dörrautomat** tatsächlich eine gute Anschaffung. Er benötigt wesentlich weniger Energie als ein Backofen, weil er in viel kürzerer Zeit trocknet. Dörrautomaten für den Privatgebrauch sind zwar absolut erschwinglich, nehmen jedoch Platz weg. Wenn Sie den in der Küche nicht haben, sondern den Dörrautomaten erst umständlich aus dem Keller oder der Garage holen und ihn aus seiner sperrigen Umverpackung befreien müssen, dann beschränken Sie sich, das wäre mein Tipp, auf den Backofen. Küchengeräte, das zeigen Untersuchungen immer wieder, werden nur dann eingesetzt, wenn sie zur Hand sind. Da tut es der Backofen genauso gut.

So lassen sich beispielsweise Mangostreifen prima im Ofen zubereiten. In den Asienläden vieler Großstädte werden Mangos oft in größerer Menge zu absolut günstigen Preisen angeboten, müssen jedoch, weil sie überreif sind, sehr schnell verarbeitet werden. Waschen Sie die Mangos unter warmem Wasser ab, schälen Sie sie

Leckere, frisch gesammelte Pilze werden auf Bindfaden aufgezogen und können so gleichmäßig belüftet gut trocknen.

und ziehen Sie mit einem Sparschäler dünne Streifen ab. Diese lassen Sie in einem sehr niedrigen Ofen (80 °C) von beiden Seiten je 40 Minuten auf Backpapier dörren. Dann sollten sie trocken sein. Nun einfach in ein Schraubglas umfüllen und kühl (nicht im Kühlschrank) und trocken aufbewahren. Ein perfektes Wander-Food, wenn Sie durch die Berge kraxeln wollen und sich nicht mit Lebensmitteln abschleppen mögen. Auch Ananas lassen sich im Ofen dörren. Vom dicken Strunk befreit, geschält und klein gewürfelt, brauchen sie bei 80 °C etwa 6 Stunden. Alternativ können Sie sie auch mit der Mandoline in feine Ringe schneiden.

Für Lebensmittel, die eine längere Trocknungszeit haben, ist der Dörrautomat jedoch eine feine Sache, zumal er die gesamte Arbeit erledigt. Sie müssen die Weintrauben, die Pflaumen, die Aprikosen oder die Pilze (bei Shiitake ohne Stängel, denn die sind ledrig) vorher einfach nur waschen oder säubern, halbieren und entsteinen oder im Fall der Pilze in feine Scheiben schneiden. Den Rest macht der Dörrautomat.

Fertig Gedörrtes oder Getrocknetes lässt sich entweder in warmem Wasser einweichen und verwenden oder getrocknet, beispielsweise als Pilzsalz.

Natürlich eignet sich nicht alles zum Trocknen oder Dörren, Kartoffeln beispielsweise. Sie trocknen zwar irgendwann, schmecken aber nur nach Stärke und bescheren ein unangenehmes, an Gummibärchen erinnerndes Kauerlebnis. Bei anderen Lebensmitteln wie Grünkohl (ohne Strunk) ist die Überraschung jedoch groß: In feine Stücke gerupft, mit etwas Salz bestreut, gedörrt und man hat einen leckeren und kalorienarmen Chips-Ersatz.

Gesund sind Dörren und Trocknen auch

Für Allergiker eignet sich Gedörrtes oder Getrocknetes ebenfalls wunderbar. Zu wissen, was drin steckt, ist eine

TIPP Die Dörr- und Trocknungszeiten sind von Lebensmittel zu Lebensmittel unterschiedlich. Schneiden Sie gleichmäßig und dünn auf, dann können Sie bald naschen.

große Erleichterung für alle, deren Körper auf Zusatzstoffe in Lebensmitteln reagiert. Wasserlösliche Vitamine wie Vitamin C gehen zwar beim Trocknungsvorgang verloren, aber die Mineralstoffe und das Eiweiß bleiben erhalten und können sich eher noch erhöhen wie beim Lycopingehalt von getrockneten Tomaten. Lycopin ist übrigens eines der bekanntesten unter den Antioxidantien und soll laut neuesten Studien sogar vorbeugend gegen Schlaganfall wirken.

Selbst getrocknete Apfelringe sind lecker und dekorativ.

Kräutersalz

Dieses italienische Kräutersalz aus der Toskana wird zu gleichen Teilen mit Salbei und Rosmarin gewürzt. Es ist ein klassisches Würzsalz zum Abschmecken von Gerichten und auch dank des Knoblauchs relativ würzig. Es schmeckt zu Omelette genauso gut wie zu Lammbraten oder in Dips. Verwenden Sie Salz guter Qualität ohne Rieselhilfe, beispielsweise Luisenhaller Salz aus Europas einziger noch existierenden Pfannensaline in Göttingen. Es wird in unterschiedlichen Mahlgraden angeboten. Wenn Ihnen Salbei nicht schmeckt, dann können Sie auch Thymian verwenden.

Für etwa 180 g
3 kleine Knoblauchzehen
150 g Salz
1 kleines Bund Rosmarin
1 kleines Bund Salbei
1 Prise Lavendel

1. Die Knoblauchzehen abziehen, längs halbieren. Die Keimlinge, falls vorhanden, entfernen. Das Salz über die Knoblauchzehen streuen. Den Knoblauch mit einem Messergriff oder Mörser zerdrücken. Dann alles gut mischen.

2. Den Rosmarin und den Salbei waschen, vollständig trocknen, die Blättchen abzupfen und ganz fein hacken. Mit dem Lavendel vermengen und unter das Salz rühren.

3. Ein Backblech mit Backpapier auslegen. Das Salz auf der gesamten Fläche gleichmäßig ausbreiten und über Nacht lufttrocknen. In Fläschchen abfüllen und kühl und dunkel aufbewahren (nicht über dem Herd!).

VARIANTE
Sie können dieses Salz auch in der Küchenmaschine zubereiten. Dann färbt es sich appetitlich grün. Die Farbe verfliegt allerdings nach einigen Tagen wieder, aber als Geschenk macht es sich so besonders gut.

TIPP
Bei der Dosierung von Lavendel ist Vorsicht geboten. Denn kaum ein Gewürz verzeiht eine Überdosierung so wenig. Dann schmeckt das Salz schnell nach Duschgel …

Grünes Wunderpulver aus dem Dörrautomaten

Franzosen, die ebenso gerne Radieschen essen wie wir, verwenden ganz selbstverständlich auch das Radieschenblatt. Es lässt sich fein gehackt über Salat streuen, passt lecker in einen Joghurtdip und gibt eine leichte, aromatische Schärfe. Auch das Grün von anderen Gemüsen, beispielsweise Roter Bete, ist nicht nur prima essbar, sondern überdies sehr gesund. Das Wunderpulver passt zu Kartoffelbrei, zu Tomatensalat oder in einen gesunden Smoothie, natürlich auch als Grundlage für einen Dip oder in Eierspeisen.

Für etwa 100 g
- 3 Bund Grüngemüse, z. B. Rucola, Mangold, Radieschengrün, Rote-Bete-Blätter
- 2 Stangen Lauch
- 1 Zwiebel
- 1 kleines Bund glatte Petersilie
- 1 grüne Paprikaschote
- 1 kleine rote Chilischote

1. Das Grüngemüse verlesen, waschen, trockenschütteln und fein hacken. Den Lauch putzen, schälen und in feine Ringe schneiden. Die Zwiebel abziehen und in feine Ringe schneiden.

2. Die Petersilie kalt abbrausen und trockenschütteln. Die Paprikaschote waschen, den Stielansatz abtrennen und längs halbieren. Die Samenstränge und die Kerne entfernen. Die Schote in feine Streifen schneiden.

3. Die Chilischote kalt abbrausen und trockentupfen. Je nach gewünschtem Schärfegrad mit Handschuhen längs halbieren und die Samenstränge und Kerne entfernen oder im Ganzen verwenden und in feine Röllchen schneiden.

4. Alle Gemüse im Dörrautomaten mindestens 8 Stunden trocknen, bis sie nicht mehr feucht sind. Im Standmixer portionsweise fein mahlen. In einem Schraubglas dunkel und kühl aufbewahren.

Fruchtsauce aus getrockneten Früchten

Früchte lassen sich wunderbar kombinieren und im getrockneten Zustand sind die Geschmackskombinationen sogar noch vielfältiger. Diese Fruchtsauce passt zu gegrillten Weichkäsen, auf eine Käseplatte, an ein Fleischgericht, als würzende Beilage zu Geflügel und zu Schinken.

1. Die Orange auspressen. Den braunen Zucker mit dem Maizena, dem Orangensaft und dem Cranberrysaft in einem Topf erwärmen. Gut durchrühren, bis der Zucker geschmolzen ist.

2. Die restlichen Zutaten unterrühren und weiter rühren, bis sie an Volumen zugenommen haben und die Sauce etwas eingedickt ist.

TIPPS

Anstelle der getrockneten Kirschen können Sie auch anderes würziges Obst verwenden, das nicht zu sauer schmeckt, denn dafür haben Sie ja schon die Cranberrys.

Der braune Zucker gibt, finde ich, ein etwas stärkeres Aroma ab. Tatsächlich habe ich immer mindestens zwei Zucker in Gebrauch, feinsten Zucker, braunen Zucker und natürlich Puderzucker. Wenn ich in London bin, besorge ich mir dort noch dunkle Zucker, die etwas malzig schmecken. Für helle Torten sind diese allerdings aus optischen Gründen nicht so geeignet.

Für etwa 300 ml
- 1 Orange
- 4 EL brauner Zucker
- 1 EL Maizena
- 300 ml Cranberrysaft
- 80 g Rosinen
- 80 g getrocknete Kirschen
- 2 EL getrocknete Cranberrys

Querbeet-Kräutertee

Vitaminreich, vorbeugend und gesund – mit gutem Grund gehören Kräutertees seit Jahrtausenden weltweit zu den traditionellen Heilmitteln. Richtig zubereitet, sind sie noch dazu erfrischend und einfach lecker. Die Mischung macht's.

Zutaten
Kräuter (frisch oder getrocknet) zu gleichen Teilen:
Ringelblumen
Pfefferminze
Zitronenverbene
Kamille
Hibiskus

1 4–6 EL der Kräuter klein schneiden und mit 1 l kochend heißem Wasser übergießen.

2 8–10 Minuten ziehen lassen und abseihen.

TIPPS
Andrea Edelbacher ist die Kräuterfrau des berühmten Klosters Melk in der Wachau. Ihre Tipps:
- Probieren Sie einfach aus. Pflücken Sie Blätter und spüren Sie ihre Wirkung.
- Nehmen Sie, was Sie anschaut. Es wird Ihnen guttun.
- Je freier man Kräutern gegenübersteht, desto mehr öffnen sie sich.

Mit 2 cl Holunderblüten- oder Holunderbeersirup können Sie die vitalisierende Wirkung noch verstärken.

Wenn Sie Ihren Tee gerne süß trinken: Tolle Zuckeralternativen sind Löwenzahnsirup (s. S. 151) oder Tannen-/Fichtenspitzensirup (s. S. 148).

Weihnachtliche Pomander

Den Geruch von Weihnachten schnuppert eigentlich jeder gerne. Diese Mischung aus fruchtig, würzig und ein bisschen holzig mit einem Hauch von Orient lässt sich fast perfekt mit Zitrusfruchtpomandern wiedergeben, die mit Gewürznelken gespickt sind und in einer Würzmischung durchziehen durften.

1 Die gemahlenen Gewürze mit dem Veilchenwurzelpulver in einer Schüssel sorgfältig vermengen.

2 Die Zitrusfrüchte mit einer Nähnadel in Mustern wie gewünscht einstechen. In diese Löcher dann die Gewürznelken stecken.

3 Die präparierten Zitrusfrüchte in die Schüssel legen, gut im Pulver wälzen und abgedeckt an einem kühlen dunklen Ort mindestens 2 Wochen durchziehen lassen, zwischendurch mehrere Male wenden.

4 Die Zitrusfrüchte aus dem Gewürzpulver heben und vorsichtig abstauben. Mit Nadeln Seidenbänder als Aufhänger befestigen.

TIPP
Wenn sie nahe von Wärmequellen aufgehängt werden, dann entfaltet sich ihr Aroma besonders schön. Ich hänge meine Pomander, einen gewissen Sicherheitsabstand natürlich eingerechnet, am liebsten über Kerzen, aber auch über der Heizung entfalten sie ihren Duft.

Für 4 – 8 Pomander
100 g Zimtpulver
100 g Nelkenpulver
2 EL gemahlene Macisblüte
2 EL Pimentpulver
100 g Veilchenwurzelpulver (Apotheke oder Internet)
Limetten, Orangen, Kumquats, Zitronen oder andere Zitrusfrüchte nach Belieben
100 g Gewürznelken

Außerdem
Seidenbänder

Smoothie mit getrocknetem Obst und Spinat

Wenn Sie Ihr eigenes Obst trocknen wollen, hat das echte Vorteile. Sie können saisonal die reifsten Früchte kaufen, die dann auch am günstigsten sind. Und Sie wissen genau, dass Ihr Trockenobst nicht geschwefelt ist und woher es kommt – aus Ihrem eigenen Ofen. Denn ein Dörrautomat ist nicht unbedingt notwendig; in der Einleitung wird erklärt, wie es auch ohne geht.

1. Die getrockneten Früchte fein schneiden und mit etwas Flüssigkeit (warmes Wasser, Tee) bedecken. Etwa 30 Minuten stehen lassen, bis sie vollständig aufgequollen sind.

2. Die Banane schälen und grob hacken. Den Blattspinat verlesen, zweimal in kaltem Wasser waschen und in einem Küchentuch trocknen.

3. Den Joghurt und die Trockenfrüchte mit der Einweichflüssigkeit in einen Standmixer geben und pürieren.

4. Den Spinat und die Banane dazugeben und nun alles zu einer glatten Masse pürieren; bei Bedarf noch etwas Joghurt oder Wasser angießen, bis sie die gewünschte Konsistenz hat.

5. Den Smoothie mit Agavennektar oder Honig nach Belieben süßen und servieren.

Für 1 Smoothie
- 5 Streifen getrocknete Mango
- 3 getrocknete Aprikosen
- 1 kleine reife Banane
- 1 Handvoll junger Blattspinat
- 150 g Joghurt
- 1–2 TL Agavennektar oder Honig oder nach Belieben

TIPP
Damit ein Standmixer eine cremige Masse herstellen kann, ist es wichtig, zuerst die flüssigen Zutaten einzufüllen und die restlichen Zutaten schrittweise zuzugeben. Wenn Ihr Standmixer ordentlich Power hat, können Sie diesen Smoothie an heißen Sommertagen auch mit Eiswürfeln zubereiten, die Sie direkt in den Mixer geben.

Fruchtleder

Ich habe Fruchtleder zum ersten Mal in einem dänischen Landkrug gegessen, in dem einer der besten Köche des Landes frisch und modern kocht. Sein Fruchtleder hatte er auf eine selbst gebastelte Holzleiter im Liliput-Format gespannt und er lieferte ein Messer dazu, mit dem man sich das Leder direkt von der Leiter absäbeln konnte. Es schmeckte köstlich intensiv, und ich war beeindruckt von so viel Kreativität. Bis mir dann eine alte Bäuerin in Niederbayern erzählte, Fruchtleder gebe es schon seit Jahrhunderten …

Für etwa 50 g
250 g Zwetschgen
½ Banane
4 Pimentkörner
1 TL Agavendicksaft
1 Spritzer Zitronensaft

1. Die Zwetschgen waschen und abtrocknen. Halbieren, entsteinen und in einen Standmixer geben. Die Banane etwas zerdrücken. Die Pimentkörner fein mörsern und mit den restlichen Zutaten unterrühren. Alles gut pürieren und abschmecken. Es sollte nicht zu süß schmecken, denn beim Trocknen intensivieren sich alle Aromen.

2. Ein Backblech mit einer Backmatte oder mit Frischhalte- oder Alufolie auslegen. Das Obstpüree dünn und gleichmäßig darauf verstreichen.

3. Den Ofen auf die niedrigste Stufe (ca. 50 °C) erhitzen. Das Obstleder mindestens 9 Stunden trocknen, bis es vollständig durchgetrocknet ist und sich rollen lässt. Das Obstleder aufrollen und in Streifen schneiden.

TIPPS

Eine Backmatte ist mit Silikon verstärkt und wird gerne in der Profipatisserie verwendet. Sie ist antihaftbeschichtet, was das Arbeiten mit Zucker sehr erleichtert. Außerdem hält sie Temperaturen bis zu 250 °C aus und ist sehr leicht zu reinigen. Für dieses Rezept ist sie ideal, denn das getrocknete Leder lässt sich mühelos abziehen. Dank der niedrigen Hitze können Sie jedoch auch Küchenfolie verwenden, die bis etwa 90 °C hitzebeständig ist.

Für Fruchtleder eignen sich eigentlich die meisten Obstsorten. Ich verwende, was gerade Saison hat und entsprechend günstig und aromatisch ist. Ein Stück Banane ist immer gut, denn püriertes Obst kann je nach Wassergehalt des Obstes zu flüssig werden. Zum Süßen verwende ich flüssigen Honig oder Agavendicksaft. Zucker eignet sich nicht. Er verändert die Konsistenz; man denkt beim Kauen dann eher an körnige Fruchtgummis.

Mince Pies

Das leckerste englische Gegenstück zu unserer deutschen Weihnachtsbäckerei sind Mince Pies. Sie stammen aus dem Mittelalter und wurden von den Kreuzfahrern süßpikant gewürzt, auch mit etwas Fleisch, nichts Ungewöhnliches in der levantinischen Küche. Daher leitet sich auch ihr Name ab – »mince« heißt auf Deutsch »Hackfleisch«. Mittlerweile schmecken sie fruchtig-süß und einfach lecker, allerdings wird die Füllung immer noch mit etwas Rindernierenfett hergestellt, das Sie beim Metzger bekommen.

Füllung

Für 12 Mince Pies

Für die Füllung
1 großer Boskop-Apfel (oder anderer Kochapfel)
1 Bio-Orange
2 cl Brandy oder Rum
200 g frische Cranberrys
100 g Sultaninen
150 g Rosinen
150 g Korinthen
50 g Zitronat
50 g Orangeat
100 g Rindertalg
4 EL Mandelstifte
200 g weicher brauner Zucker
1 TL Pimentpulver
1 Msp. Zimtpulver
1 Msp. Muskatnusspulver

1 Für die Füllung den Apfel waschen, halbieren, entkernen und fein schneiden. Die Schale der Orange fein reiben, die Orange auspressen. Den Orangensaft und die Schale in eine mittelgroße Schüssel geben und mit dem Apfel verrühren. Den Brandy oder Rum unterrühren.

2 Die Cranberrys zerdrücken und mit den Sultaninen, Rosinen und Korinthen unterrühren. Das Zitronat und Orangeat unterrühren. Den Rindertalg fein reiben und mit den Mandelstiften unterrühren.

3 Den Zucker mit den Gewürzen verrühren und alles sorgfältig unterrühren. Die Schüssel mit einem Küchentuch abdecken. Über Nacht an einem kühlen Ort durchziehen lassen.

4 Den Ofen auf 120 °C vorheizen. Die Obstmischung nochmals gut durchrühren. Die Schüssel locker mit Alufolie abdecken und 3 Stunden im warmen Ofen durchziehen lassen.

5 Die Obstmischung aus dem Ofen nehmen; die Restwärme des Ofens bei Bedarf zum Sterilisieren von Einmachgläsern (s. S. 31) verwenden.

6 Die Masse gut durchrühren, sodass sich der Talg gleichmäßig verteilt. In Gläser abfüllen und mindestens 14 Tage durchziehen lassen.

Teig

1. Für den Teig das Mehl in eine Schüssel oder auf eine Arbeitsfläche geben und in der Mitte eine Mulde bilden. Die Butter in Flocken schneiden und mit dem Zucker und dem Ei in die Mulde geben.

2. Eine Eierschale voll eiskaltes Wasser unter die Butter rühren. Mit einer Teigkarte und den Fingern einer Hand nun alles zu einem Teig verkneten. Dabei schnell arbeiten: Zu langes Kneten macht den Teig hinterher nicht schön mürbe, sondern zäh. Den Teig in Küchenfolie wickeln und mindestens 1 Stunde im Kühlschrank ruhen lassen.

3. Den Ofen auf 180 °C vorheizen. Den Teig etwa 3 mm dick ausrollen. Zwei Drittel des Teigs mit einem runden Ausstecher (etwa 4 cm) ausstechen und in ein passendes Backblech für kleine Pies (Internet) oder eine Muffinsbackform einpassen. Aus dem restlichen Teig Deckel ausstechen; das können auch größere Sternförmchen sein, die bis zum Rand reichen.

4. Teelöffelweise die Füllung auf dem Teig verteilen, darüber dann den ausgestochenen Deckel legen. Etwa 20 Minuten backen.

Für den Teig
200 g Mehl
100 g eiskalte Butter
1 EL Zucker
1 Ei

VARIANTE
Wenn Sie einen Dörrautomaten haben, können Sie kernlose Weintrauben auch auf Vorrat trocknen und in diesem Rezept anstelle der Rosinen verwenden. Die Trauben müssen gut gewaschen und mehrere Stunden und je nach Sorte und Größe bis zu 10 Stunden getrocknet werden.

TIPP
Da sich diese Fruchtfüllung mindestens ein Jahr lang hält und auch für andere Rezepte zum Abschmecken verwendet werden kann, habe ich hier eine größere Menge (etwa 1,2 kg) angegeben. Sie schmeckt am besten, wenn sie wenigstens einen Monat durchziehen konnte.

Getrocknete Tomaten in Wein-Kräuter-Sud

Noch immer trocknen viele Süditaliener unter der beneidenswerten südlichen Sonne ihre sommerliche Tomatenausbeute. Tomaten wachsen dort so zahlreich, dass es sich wirklich lohnt, einen aromatischen und mineralstoffreichen Vorrat für den Winter anzulegen. Dieses Grundrezept für getrocknete Tomaten können Sie vielfältig verwenden, beispielsweise als Basis für eine Pastasauce, für die Sie dann nur noch Parmesan brauchen. Natürlich passen diese Tomaten auch auf eine Antipastiplatte oder mit Büffelmozzarella auf ein Panino, ein Sandwich alla italiana.

Für etwa 250 g
80 g getrocknete Tomaten
200 ml Weißwein (auch Rest)
3 EL Olivenöl
1–2 frische, kleine Knoblauchzehen
1 TL Oregano oder nach Belieben
Salz
Schwarzer Pfeffer aus der Mühle

1 Die getrockneten Tomaten in einen Topf geben, den Weißwein angießen, einmal aufwallen lassen und etwa 10 Minuten abgedeckt bei kleiner Hitze köcheln lassen, bis sie an Volumen zugenommen haben und weich geworden sind. Zwischendurch überprüfen, ob noch Flüssigkeit benötigt wird; gegebenenfalls noch etwas Wein oder Wasser angießen.

2 Die Tomaten mit der Garflüssigkeit in eine Schüssel umfüllen und mit dem Olivenöl bestreichen.

3 Die Knoblauchzehen abziehen und in ganz feine Scheiben schneiden. Mit dem Oregano unterrühren. Salzen und pfeffern. In ein Schraubglas umfüllen und im Kühlschrank aufbewahren.

TIPP
Beim Trocknen verlieren Tomaten zwar das wasserlösliche und hitzeempfindliche Vitamin C, aber andere wertvolle Inhaltsstoffe bleiben erhalten oder verstärken sogar ihre gesundheitsfördernde Wirkung, beispielsweise das Antioxidans Lycopin.

Getrocknete Pilze

Aus einem Basisrezept für getrocknete Pilze aus dem Dörrautomaten oder dem Backofen können Sie mit den nachstehenden Rezepten etwas verblüffend Raffiniertes wie Pilzbutter zubereiten oder ein elegantes Hauptgericht wie Schweinelendchen im Speckmantel zaubern. Die meisten Pilze lassen sich wunderbar trocknen und verstärken beim Trocknen sogar noch ihr Aroma. So reibe ich beispielsweise getrocknete Pilze als geheime Würze in Saucen und über Pasta. Das Rezept für die Schweinelendchen habe nicht ich mir ausgedacht, sondern meine Mutter. Es schmeckt fein und raffiniert, ist aber sehr einfach zuzubereiten, und auch die Zutaten sind überall zu bekommen.

Selbst gemachte Pilzbutter

Gute Bauernbutter eignet sich besonders gut für dieses Rezept.

Für etwa 270 g
30 g getrocknete Pilze nach Belieben
1 EL Brandy oder nach Belieben
1 Schalotte
250 g Butter
Salz
Schwarzer Pfeffer aus der Mühle

1 Die Pilze in ein Schüsselchen geben. Den Brandy, falls verwendet, angießen, wenig heißes Wasser zugeben. Die Pilze 30 Minuten einweichen, bis sie weich sind.

2 Die Schalotte abziehen und ganz fein hacken. Die Butter in einer Pfanne zerlassen. Die Schalotte in der Butter bei leichter Hitze anschwitzen.

3 Die eingeweichten Pilze aus dem Sud heben und ganz fein hacken. Zur Butter geben, mehrere Minuten köcheln lassen, salzen und pfeffern.

4 Die Butter in Auflaufförmchen umfüllen und abgedeckt im Kühlschrank aufbewahren. Alternativ etwas abkühlen lassen, in Alufolie wickeln und zu einer Rolle drehen.

Schweinelendchen im Speckmantel in Morchelsauce nach Art Hannelore Gugetzer

Meine Mutter hat das Kochen in den 1960er-Jahren gelernt. Da wurde an alles ein Schuss Alkohol gekippt. Finde ich prima!

1. Die getrockneten Morcheln im Cognac einweichen. Nach 30 Minuten die Flüssigkeit durch einen Kaffeefilter abseihen; auf diese Weise gelangen keine möglichen Erdreste in die Sauce. Die Pilze ganz fein hacken, das Einweichwasser zur Seite stellen.

2. Den Ofen auf 200 °C vorheizen. Die Schweinelende kalt abspülen und sorgfältig trockentupfen. In Thymian, Salz und Pfeffer wälzen. In acht Stücke teilen.

3. Die Fleischstücke mit Frühstücksspeck umwickeln. Eine ofenfeste Form sorgfältig einbuttern. Die Fleischstücke mit der speckfreien Seite nach unten in die Form setzen. Etwa 20 Minuten backen.

4. Das Fleisch aus dem Ofen nehmen und warm halten. Den Fleischsud mit den Morcheln und dem Einweichwasser erhitzen und etwas reduzieren. Dann die Crème fraîche unterrühren und bei Bedarf würzen.

5. Die Schweinelendenstückchen auf vier Teller setzen, die Sauce angießen und dazu Reis oder Kartoffelpüree servieren.

Für 4 Personen
6 getrocknete Morcheln
2 cl Cognac
1 Schweinelende (etwa 500 g)
1 Prise Thymian
Salz
Schwarzer Pfeffer aus der Mühle
8 Scheiben Frühstücksspeck
3 EL Butter
150 g Crème fraîche

Kandieren & Verzuckern

In China galten kandierte Zitrusfrüchte schon vor einigen tausend Jahren als Delikatesse und auch die alten Römer kannten Kandiertes. Diese elegante und natürlich sehr süße Art der Haltbarmachung erfordert ein bisschen Zeit, macht aber auch sehr viel Eindruck.

Arabische Wurzeln

Das Wort »kandiert« kommt aus dem Arabischen – *qandi* heißt Süßigkeit. Tatsächlich ist Kandiertes nichts für Leute, die keinen Zucker mögen. Zucker ist neben dem zu Kandierenden und Geduld die einzige Zutat, auf die es wirklich ankommt. Aber das Ergebnis ist köstlich.

Für das Kandieren eignen sich sehr viele Obstsorten, aromatisch zwischen würzig wie Ingwer über säuerlich wie Zitrone oder Pampelmuse und süß wie Aprikose oder Ananas angesiedelt. Das Obst wird durch den Zucker haltbar gemacht und sieht danach auch besonders schön aus, denn seine Farbe bekommt nach dem Kandieren eine besondere Leuchtkraft. Mich erinnert es an altmodisches Glanzpapier. Chemisch gesehen handelt es sich beim Kandieren um einen Austausch von Wasser im Obst gegen Zucker, der durch den Sirup zugeführt wird, bis das Obst keinerlei Wasser mehr enthält und nicht verderben kann.

Der große Vorteil des Kandierens liegt in einer weiteren Variante des Haltbarmachens, denn kandierte Früchte verlieren bei sachgemäßer Lagerung – kühl und trocken und dunkel in einer luftdicht verschlossenen Box gelagert – erst nach Jahren an Aroma und verderben nicht. Wenn sie zu fest zum Schneiden werden, können Sie sie ganz einfach noch einmal in etwas Zuckerwasser erwärmen, bis sie weich werden.

Das Grundrezept zum Kandieren von Früchten

Bereiten Sie für 500 g Obst einen Sirup aus 600 g Zucker und 3 EL Maissirup (der verhindert das Kristallieren des Zuckers) oder Honig zu, indem Sie beides mit 1,5 l Wasser in einem Topf bei leichter Hitze erwärmen, bis sich Zucker und Maissirup bzw. Honig gelöst haben. Schneiden Sie inzwischen die Früchte zu: Entfernen Sie die weiße Haut von Zitrusfrüchten, schneiden Sie Ananas und Aprikosen in kleine Stücke, entsteinen Sie Kirschen, achteln Sie Birnen usw. Wenn Sie Zitrusschalen für die Verwendung von Backwerk verwenden wollen, schneiden Sie die Schalen in kleine Würfel. Köcheln Sie nun das Obst (getrennt) für 30 Minuten im Sirup und lassen Sie es über Nacht im Sirup durchziehen. Wiederholen Sie den Vorgang in den nächsten vier Tagen. Heben Sie das Obst aus dem Sirup und lassen Sie es auf Backpapier abtropfen und dann auf einem Backblech über Nacht trocknen.

Jedoch lassen sich nicht nur Früchte kandieren. Probieren Sie mal kandierte Möhrenscheiben – eine ausgefallene Dekoration eines Wurzelkuchens. Oder selbst kandierten Ingwer, der sich sehr gut verbacken lässt, beispielsweise in einem Joghurtkuchen.

Neben Obst lassen sich auch **Blütenblätter** kandieren, wobei der Prozess wesentlich fixer geht. Kandierte Veilchen oder Rosenblätter sind kleine Kostbarkeiten, die sich beispielsweise auf optisch schlichten weißen oder schokoladig-dunklen Torten besonders gut machen. Wählen Sie schöne Blüten in appetitlichen Farben (alles, was ins Pastellige geht, eignet sich meiner Meinung nach besonders gut). Achten Sie darauf, dass die Blüten nicht chemisch behandelt wurden; Billigrosen aus dem Discounter kommen deshalb auf keinen Fall infrage. Ihr Blumenhändler oder ein gut sortierter Wochenmarktstand, der neben Kartoffeln auch ausgefallenere Kräuter im Sortiment hat, kann Ihnen bestimmt weiterhelfen. Und wenn Sie einen Garten haben – wunderbar! Dann bedienen Sie sich gleich vor Ort.

Mit dem gleichen Grundrezept (s. S. 120) lassen sich auch **aromatische Kräuter** kandieren. Basilikum gibt es mittlerweile auf den Wochenmärkten in vielen verschiedenen Sorten vom Zimtbasilikum über Zitronenbasilikum bis zu Anisbasilikum. Die Blätter sind sehr unterschiedlich, klein, riesig, glatt, gezackt, und ebenso unterschiedlich ist deren Färbung zwischen braunrot und zartgrün. Mit solchen kandierten Kräuterblättchen können Sie einen Nachtisch oder auch Cupcakes schön und ausgefallen dekorieren.

Bewahren Sie Kandiertes und Verzuckertes trocken, kühl und dunkel in einer fest verschließbaren Plastikdose auf.

Zuckersüßes als Gebäck

Vielleicht haben Sie ja schon einmal arabische Süßigkeiten geknabbert? Je besser sie sind, desto fein-süßer schmecken sie und desto gelungener ist das Zusammenspiel zwischen Nüssen, Früchten und Blüten, zwischen krümeligem Teig und cremiger Füllung.

Baklava ist solch ein klassisches arabisches Knusperkunstwerk und so beliebt, dass es in ähnlicher Form auch in Griechenland und natürlich in der Türkei sehr bekannt ist. Der geografische Unterschied liegt in der Verwendung von Zuckersirup und Honig für das griechische Baklava, während das arabische Baklava mit Zuckersirup zubereitet wird, der mit Orangenblütenwasser oder klassischen orientalischen Aromen wie Nelke und Zimt abgeschmeckt ist.

Für das nachstehende Rezept habe ich mir erlaubt, alles ein bisschen zu vermischen. Beim Teig greife ich auf ein Fertigprodukt zurück: Yufkateig bekommen Sie im türkischen Lebensmittelladen, Strudelteig in sehr guter Qualität mittlerweile im gut sortierten Supermarkt. Zerlassen Sie etwa 200 g Butter, fetten Sie eine Reine mit Butter ein und streichen Sie vier Teigblätter (insgesamt benötigen Sie etwa 12 Teigblätter) mit Butter ein, die Sie übereinander mit der gefetteten Seite nach oben in die Reine einpassen. Die Nussfüllung können Sie nach Geschmack zubereiten; klassisch sind Pistazien- und Walnusskerne zu gleichen Teilen, die etwas zerstoßen werden. Sie brauchen 500 g. Verteilen Sie ein Viertel der Mischung auf der obersten Teigschicht und schichten Sie die restlichen Teigblätter mit den restlichen Nüssen auf die gleiche Weise ein. Bestreichen Sie die letzte Teigplatte mit der restlichen Butter. Heizen Sie den Ofen auf 180 °C vor, und schneiden Sie den Teig mit einem sehr scharfen Messer in Portionsstücke. Besonders dekorativ sind Rauten mit etwa 4 Zentimeter Kantenlänge und besonders leicht geht dieses Einschneiden, wenn Sie das Baklava für kurze Zeit in die TK-Truhe stellen. Das Baklava braucht etwa 30 Minuten Backzeit und sollte nicht bräunen. Dann wird es aus dem Ofen genommen und mit einem **Sirup** beträufelt. Dieser besteht aus 200 g Zucker und 150 g Honig, die in einem Töpfchen bei leichter Hitze unter Rühren (sonst brennt's an) erwärmt werden, bis sie schmelzen, dazu dem Saft von 2 Zitronen und Aromaträgern nach Belieben (beispielsweise 1 TL Nelkenpulver, 1 TL Zimtpulver oder 3 EL Orangenblütenwasser). Verwenden Sie einen Kuchenpinsel, um den Sirup in die Ritzen zu drücken.

Nun muss das Baklava mindestens zwei Stunden ruhen, damit der Sirup den Teig durchtränken kann, und hält sich dann, einen starken Willen Ihrerseits vorausgesetzt, abgedeckt mehrere Tage.

TIPP Das gekaufte Zitronat, das in der Weihnachtsbäckerei für Stollen oder Lebkuchen verwendet wird, wird nicht aus herkömmlicher Zitronenschale gewonnen. Basis ist die Zitronatzitrone oder Zedrat-Zitrone, die wirklich beeindruckend aussieht. Eine Sorte, die *Gefingerte Zitronatzitrone,* heißt auch *Buddhahand* und sieht mit ihren langen Auswüchsen einer Hand mit Fingern tatsächlich ähnlich. Verwendet wird nur die Schale, die besonders aromatisch ist. Ich habe solche Zedrat-Zitronen in unseren Breitengraden erst einmal in einem Geschäft entdeckt, einem riesigen indischen Supermarkt in London.

Das geschmacklich genaue Gegenteil zu Baklava ist ein klassisches Rezept aus Kanada, dem Land des **Ahornsirups.** (Das dazugehörige Ahornblatt trägt das zweitgrößte Land der Welt sogar im Wappen.) Mit Ahornsirup **kandierten Speck** (s. S. 119) finden Sie in einfachen Truckstops entlang der Highways oder in der neuen kanadischen Küche, sogar als Grundlage von Eiscreme.

Mit Schokolade veredeln

Kandiertes **harmoniert auch gut mit Schokolade.** In diesem Kapitel finden Sie dazu ein Rezept für kandierte Orangenstäbchen mit einem Überzug aus Bitterschokolade. Das Aroma des Bittersüßen ist feiner und ausgewogener als ein Überzug mit Milchschokolade. Wenn Sie Spaß am Arbeiten mit Schokoladen haben, können Sie Kandiertes auch wie Pralinen mit Schokolade überziehen. Verwenden Sie dafür Pralinenförmchen aus Silikon und kleiden Sie im ersten Arbeitsgang die Förmchen mit Bitterschokolade aus. Sobald diese vollständig durchgetrocknet ist, können Sie die Füllung in die Förmchen geben, bei großen Stücken fein gehackt oder – bei Kirschen beispielsweise – auch im Ganzen. Dann wird der obere Teil des Konfekts mit Schokolade überzogen und trocknet nun einige Stunden in der Form. Besonders hübsch werden solche Pralinen, wenn sie nach dem vollständigen Austrocknen noch mit zerlassener weißer Schokolade und mit ganz fein gehackten kandierten Früchten dekoriert werden.

Damit solch ein Konfekt ein richtiger Hingucker wird, können Sie die Schokolade vorher **temperieren,** dann glänzt sie schön. Zum Temperieren wird gehackte Schokolade in einem Wasserbad zerlassen, bis sie zerlaufen ist und kühlt in diesem Wasserbad nun so weit herunter, dass sie wieder fest wird. Dann wird sie ein zweites Mal erwärmt und dabei gut durchgerührt. Sobald sie flüssig geworden ist, können Sie sie verarbeiten.
Zu guter Letzt: **Zucker galt früher als sehr gesund.** Denn er war über viele Jahrhunderte so teuer, dass ihn sich nur die wirklich Wohlhabenden leisten konnten und selbst das nur in homöopathischen Dosen. Es gab also gar nicht die Gefahr, Zucker überdosiert zu sich zu nehmen, wie viele Menschen das heute tun. Aktuell überbieten sich Ernährungswissenschaftler in Negativkommentaren zum Thema Zucker, manche verteufeln ihn sogar als Gift. Doch der Körper braucht Zucker, um zu funktionieren, ähnlich wie er auch Salz benötigt. Beides allerdings nur in geringer Dosierung.

Sündhaft. Anders lässt sich Baklava nicht beschreiben. Ob's hilft, wenn die Stücke wie Pralinen verpackt sind?

Kandierte Orangen mit Schokoladenüberzug

Verwenden Sie für dieses Rezept unbedingt unbehandelte Orangen.

1. Die Orangen warm abwaschen, abtrocknen und in etwa einen halben Zentimeter dicke Scheiben schneiden. Zucker, Maissirup und 200 ml Wasser in einen weiten Topf geben und etwas einkochen. Die Orangenscheiben nebeneinander hineingeben und bei kleiner Hitze ca. 15 Minuten sieden lassen. Die Orangenscheiben sollten zugedeckt im Zuckersirup 24 Stunden ziehen.

2. Die Orangenscheiben vorsichtig herausnehmen und gut auf einem Gitter abtropfen lassen. Nun auf einer Silikonmatte oder festem Backpapier 2 Tage trocknen lassen. Dann die Scheiben mit einem großen Messer halbieren, nochmals auf ein Kuchengitter legen und über Nacht an einem warmen Ort aufbewahren, bis sie trocken genug für den Schokoladenüberzug sind.

3. Für die Glasur die Schokolade in große Stücke brechen und in einem Wasserbad zum Schmelzen bringen. Eine Arbeitsfläche mit Backpapier auslegen. Die kandierten Orangenstäbchen in die heiße Schokolade tauchen und zum Abkühlen auf das Backpapier legen. Etwa 3 Stunden ruhen lassen, bis die Glasur fest ist. In einer luftdichten Box aufbewahren.

Für etwa 40 Stück
2 Bio-Orangen (für Stäbchen 3 Orangen)
300 g Zucker
1 EL Maissirup
200 g Bitterschokolade nach Belieben

Variante Orangenstäbchen

1. Die Orangen warm abwaschen und abtrocknen. Die Orangen schälen, die weiße Haut der Orangen mit einem Löffel abkratzen. Die Orangenschalen in fingerlange, ca. 0,5 cm breite Streifen schneiden. In einen Topf geben und mit Wasser bedecken. Die Streifen einmal aufkochen lassen, das Wasser abgießen und die Streifen mit frischem Wasser bedecken. Die Orangenstreifen abgedeckt etwa 40 Minuten weich köcheln. Nun den Zucker unterrühren und weitere 30 Minuten köcheln. Über Nacht im Zuckersirup stehen lassen.

2. Die Orangen im Sirup ein zweites Mal zum Kochen bringen, den Maissirup unterrühren und die Orangen ohne Deckel vor sich hin köcheln lassen, bis das Wasser verdampft und nur noch wenig Flüssigkeit im Topf ist. Die Orangenstäbchen abkühlen lassen, dann auf ein Kuchengitter legen und über Nacht an einem warmen Ort aufbewahren, bis sie trocken genug für den Schokoladenüberzug sind.

Kandierter Ingwer

Für dieses Rezept sollte der Ingwer sehr frisch sein. Das können Sie leicht überprüfen, indem Sie von einer großen Knolle ein kleines Stück abbrechen – es sollte sich knackig anfühlen und frischer Ingwersaft sollte austreten. Ich kaufe meinen Ingwer im asiatischen Supermarkt, denn dort ist er garantiert frisch – Asiaten essen so viel Ingwer, dass man meinen könnte, sie halten es für Gemüse. Kandierter Ingwer schmeckt sehr gut in einem Joghurtkuchen (s. Rezept unten).

1 Die Ingwerknolle schälen und in feine Scheiben schneiden. In einen Topf geben, mit kaltem Wasser bedecken, das Wasser einmal aufwallen lassen, dann abgedeckt 20 Minuten köcheln. Den Ingwer abtropfen lassen, dann den Vorgang mit frischem Wasser wiederholen und nochmals abgießen.

2 Mit 500 ml frischem Wasser und mit 400 g Zucker verrühren und noch mal aufwallen lassen. Den Ingwer ohne Deckel bei leichter Hitze köcheln lassen, bis das Wasser verdampft ist. Im Sirup abkühlen lassen.

3 Die Ingwerscheiben auf Backpapier legen und mit dem restlichen Zucker bestreuen. Vor dem Verpacken in einen luftdichten Behälter etwas durchtrocknen lassen.

Für etwa 20 Stück
1 mittelgroße Ingwerknolle (etwa 250 g)
450 g feinster Zucker

Joghurtkuchen mit kandiertem Ingwer

1 Den Ofen auf 180 °C vorheizen. Den Naturjoghurt mit den Eiern in einer Rührschüssel schaumig schlagen. Das Olivenöl unterrühren und weiter schlagen, bis die Masse aufhellt. Die Schale der Limetten fein abreiben und unterrühren.

2 Die Limetten auspressen, den Saft mit dem Puderzucker verrühren und zur Seite stellen. Den kandierten Ingwer fein hacken und mit dem Zucker unter die Joghurtmasse rühren. Das Mehl mit dem Backpulver verrühren, einsieben und unterrühren. Den Teig in eine eingefettete rechteckige Kastenform füllen und etwa 40 Minuten backen.

3 Den Kuchen aus dem Ofen nehmen und gleichmäßig mit einer Gabel einstechen. Die Puderzucker-Limettensaft-Flüssigkeit mit einem Pinsel auf dem Kuchen verteilen und in die Löcher streichen. Abkühlen lassen.

Für einen rechteckigen Kuchen
400 g Naturjoghurt
4 große Eier
125 ml Olivenöl
2 Bio-Limetten
100 g Puderzucker
4 EL kandierter Ingwer
200 g Zucker
300 g Mehl
1 TL Backpulver
Fett für die Form

Marrons glacés

Ein Weihnachtsklassiker aus der französischen Küche und ein allseits beliebtes Mitbringsel (Bild s. S. 110). Für diese kandierten Maronen eignen sich größere Maronen besser. Sie bekommen sie zwischen November und Dezember auf gut sortierten Wochenmärkten. Verpacken Sie sie wie selbst gemachte Pralinen in Hochglanzförmchen aus Papier.

Für etwa 30 Stück
250 g Maronen (Esskastanien)
150 g Zucker
1 Päckchen Vanillezucker oder Mark von ½ Bourbon-Vanilleschote

1 Die Maronen an der flachen Seite mit einem Küchenmesser kreuzweise einschneiden. 10 Minuten in einem Topf mit kochendem Wasser köcheln. Die Maronen einzeln aus dem Wasser heben und schälen, sobald sie sich anfassen lassen. Wenn sie abgekühlt sind, lässt sich zwar die äußere Schale noch leicht entfernen, nicht aber die hauchdünne innere Schale, die fest am Fruchtfleisch klebt.

2 Zucker, Vanillezucker bzw. Vanillemark und 150 ml Wasser in einem Topf aufsetzen und vorsichtig erhitzen, bis sich der Zucker gelöst hat. Die Maronen in den Topf geben, einmal aufwallen lassen, dann bei leichter Hitze 10 Minuten köcheln. Die Maronen über Nacht im Sud stehen lassen.

3 Die Maronen in den nächsten vier Tagen immer wieder köcheln (zwischendurch bei Bedarf etwas Wasser angießen).

4 Den Ofen auf 80 °C vorheizen. Die kandierten Maronen auf einem mit Backpapier oder einer Backmatte ausgelegten Backblech auslegen und etwa 2 Stunden bei leichter Hitze im Ofen trocknen. Dazu geschlagene Sahne oder Mascarponecreme servieren.

Kanadischer kandierter Speck

Aus dem Land der Holzfäller, Trapper und Bären soll eine interessante Küche kommen? Das erwarten viele vielleicht nicht, doch tatsächlich ist die kanadische Küche, nicht nur dank der hervorragenden Qualität der Grundprodukte, sehr lecker und überdies durchaus innovativ. Dieser Speck hält sich, in Backpapier eingewickelt, mehrere Tage in der Kühlung.

1 Den Ofen auf 180 °C vorheizen. Ein Backblech mit Backpapier auslegen. Die Speckstreifen nebeneinander auslegen.

2 Den Ahornsirup mit Pfeffer würzen und mit einem Küchenpinsel auf der Oberseite der Streifen verstreichen. Etwa 15 Minuten dunkelbraun und knusprig braten.

TIPP
Dieser Klassiker hat seine Wurzeln zwar in einfachen Gasthäusern, findet sich jetzt aber auch als besonderes Geschmackserlebnis zum Vanilleeis oder sogar zum Schokoladenkeks.

Für 20 Streifen
20 Streifen durchwachsener Speck sehr guter Qualität (kein Frühstücksspeck)
4 EL Ahornsirup
Schwarzer Pfeffer aus der Mühle

Chocolate Chip Cookies

1 Den Ofen auf 180 °C vorheizen. Zwei Backbleche mit Backpapier auslegen. Mehl, Natron und Salz in einer mittelgroßen Schüssel vermengen.

2 Die Butter und beide Zucker mit dem Rührmixer bei mittelhoher Geschwindigkeit in einer großen Schüssel verrühren, bis die Masse aufhellt und schaumig ist. Die Eier nacheinander unterrühren. Das Mehl auf einmal unterziehen und nicht mehr ausgiebig schlagen.

3 Die Schokolade fein hacken, den Speck zerkrümeln, beides unter den Teig rühren. Aus dem Teig mit einem Esslöffel Kugeln abstechen und mit Abstand auf die Bleche legen. Etwa 12 Minuten goldbraun backen, bis die Schokoladenstückchen weich sind.

Für etwa 50 Stück
300 g Mehl
1 TL Natron
1 Msp. Salz
180 g Butter
220 g Zucker
150 g dunkler Rohrzucker
2 Eier
250 g Zartbitterschokolade
2 Streifen kandierter Speck

Kandierte Rosenblätter

Für diese optisch wunderschöne Spezialität sollten die Blüten trocken sein, aber noch nicht getrocknet und unversehrt. Ganze Blüten lassen sich relativ schwer kandieren, weil der gelöste Zucker nicht unbedingt gleichmäßig verteilt werden kann. Verwenden Sie idealerweise Duftrosen. Natürlich können Sie auch mit einigen Tropfen Rosenblütenwasser nachhelfen. Das bekommen Sie in der Apotheke.

Für 10 Rosenblüten
100 g feinster Zucker
Einige Tropfen Rosenblütenwasser nach Belieben
2 EL Puderzucker oder nach Belieben

1. Die Blätter von den Blüten lösen. Den weißen Ansatz mit einer Schere abschneiden (er kann bitter schmecken). Die Blütenblätter bei Bedarf mit einem sauberen Kosmetikpinsel abbürsten.

2. Den Zucker mit 100 ml Wasser verrühren und bei ganz leichter Hitze vorsichtig karamellisieren lassen, bis sich der Zucker hellbraun verfärbt. Bei Wunsch das Rosenblütenwasser unterrühren.

3. Die Blätter mit einer Pinzette durch den karamellisierten Zucker ziehen und auf Backpapier abtropfen lassen. Mit Puderzucker bestäuben und trocknen lassen.

Verzuckerte Rosenblätter

Bei diesem Rezept wird der Zucker nicht erwärmt, sondern Eiweiß sorgt dafür, dass der Zucker an den Blättern haften bleibt.

Für 10 Rosenblüten
1 Eiweiß
100 g feinster Zucker

1. Die Rosenblätter wie oben vorbereiten. Die Rosenblätter mit einem Küchenpinsel von beiden Seiten mit dem Eiweiß bestreichen; eine Pinzette hält das Blatt am besten fest.

2. Die Blüten nacheinander durch den Zucker ziehen, Überschuss vorsichtig abstäuben. Die Blüten dann mehrere Stunden auf einem Backgitter zum Trocknen auslegen.

Haltbarmachen mit Alkohol

Wenn Ihnen zu viele Handgriffe die Küchenfreude verderben, dann ist Haltbarmachen mit Alkohol garantiert Ihr Ding. Es macht nämlich nur Spaß. So simpel wie einleuchtend sind Idee und Verfahren: Mehr als Obst, Alkohol und Zucker brauchen Sie nicht. Den Rest erledigt die Zeit.

Wie funktioniert's?

Alkohol ist selbst schon ein Nebenprodukt eines Konservierungsprozesses und hat überdies eine stark konservierende Wirkung. (So verwendeten Botaniker schon vor Charles Darwin reinen Alkohol, um Tiere und Pflanzen zu konservieren.) In Alkohol eingelegte Früchte geben ihr Aroma an den Alkohol ab. Fruchtzucker – unterstützt durch weitere Zuckerung – bringt den Alkohol zum Gären, weitere Zusatzstoffe zur Haltbarmachung sind überflüssig.

Von Wacholderbeeren zu Erdbeeren

Wacholderbeeren in Alkohol einlegen – schmeckt nicht, meinen Sie? Irrtum, jedenfalls, wenn Sie Gin mögen. Der lateinische Name für Wacholderbeeren, *juniper,* nahm über das holländische *genever* Kurs auf die englische Sprache und wurde dort zu Gin, einem Getränk, das erst dort mit berühmten Marken, die jeder Barkeeper kennt, zu Hochform auflief. In Deutschland lässt sich seit ein paar Jahren allerdings auch eine Gin-Renaissance ausmachen: Die Berliner Marke Adler und der Schwarzwald-Gin Monkey 47 schafften es in die internationalen Trendbars. Sie sind clever verpackt, schmecken ungewöhnlich und würzig und sind leider auch teuer.

Dabei geht das **Gin-Machen** leicht zu Hause. Der große Unterschied ist, dass Sie Ihren Gin nicht selbst destillieren, sondern bereits destillierten Gin mit Würzzutaten durchziehen lassen. Das Ganze erinnert ein bisschen an einen Teeaufguss, bloß mit Hochprozentigem. Der verwendete Gin sollte bereits ordentliche Qualität haben. Versetzen Sie ihn mit den bereits erwähnten Wacholderbeeren und geben Sie ihm mit anderen Aromaten wie Orangenschale (das Weiße sorgfältig entfernen), Kardamom, Zimtstange, Korianderkörnern, Sternanis oder Süßholzwurzel eine ganz neue Note. Nach drei Tagen ist der Gin relativ gut durchgezogen und kann abgeseiht werden.

Ein urdeutsches Rezept zum Haltbarmachen mit Alkohol ist der **Rumtopf.** Los geht's im Sommer, wenn die Erdbeeren reif und aromatisch sind. Später im Jahr kommen weitere Früchte der Saison dazu und ziehen, aufeinandergeschichtet, langsam in Rum durch. Das Gefäß, das dafür verwendet wird, sollte nicht aus Glas sein. Ideal ist dunkle Keramik oder Steingut, die den Lichteinfall verhindern.

Generell wichtig: Der Alkohol sollte die Früchte immer vollständig bedecken, sonst droht Fäulnis.

Welche Früchte eignen sich?

Chilis beispielsweise. Ja, Chilis sind, botanisch gesehen, Früchte. Eine Flasche Tequila können Sie aromatisch aufpeppen, in dem Sie 1 – 3 frische Chilis (längs aufgeschnitten, damit sie nicht nach oben treiben und auch ohne Samen und Samenstränge) für einige Tage in der Flasche einlegen. Die klassischen Obstsorten wie Beeren oder Steinobst von Mirabelle über Aprikose, Kirsche und Pflaume bis Pfirsich eignen sich natürlich auch wunderbar. Erdbeeren gehören in den klassischen Rumtopf, sind aber dennoch nicht jedermanns Präferenz. Der Geschmack ist weniger das Problem, sondern die Konsistenz: Erdbeeren können bei längerer Lagerung matschig werden oder bei zu hohem Alkoholgehalt des Rums hart.

Welche Ausstattung wird benötigt?

Um mit Alkohol haltbar zu machen, ist keine großartige Ausstattung erforderlich. Sammeln Sie dekorative

Flaschen mit Schraubverschluss und arbeiten Sie beim Einfüllen in Flaschen mit einem Trichter, damit nichts daneben geht.

Wenn Sie heiß abfüllen, sollten die Gläser oder Flaschen warm sein, damit das Glas beim Befüllen nicht springt. Da Alkohol desinfiziert, ist es nicht nötig, Flaschen vor dem Befüllen zu sterilisieren wie beispielsweise beim Einmachen; sauber sollten sie natürlich sein, aber hier tut es, anders als beim Einmachen, auch die Geschirrspülmaschine.

Warten Sie mit dem Aufbringen von Etiketten, die sowohl dekorativ sein sollten als auch den Inhalt und das Datum der Abfüllung bezeichnen, bis das Behältnis wirklich abgekühlt ist. Andernfalls kann sich durch die Wärmeeinwirkung der Klebstoff auf dem Etikett lösen, und das Etikett fällt irgendwann ab – und das wäre wirklich ärgerlich.

Welcher Alkohol zu welcher Frucht?

Gleich und gleich gesellt sich gerne, könnte man sagen. Denn obwohl es natürlich keine festen Regeln gibt und Sie Ihrer Kreativität freien Lauf lassen können, passen Himbeeren gut in einen Himbeergeist, Kirschen gut in ein Kirschwasser und Weintrauben gut in einen Cognac, der ja aus Weintrauben gebrannt wird.

Zu hoch sollte der Alkoholgehalt jedoch nicht sein, denn Obst wird bei 80 Prozent (der österreichische Stroh-Rum hat beispielsweise diesen Alkoholgehalt) hart und ist dann einfach nicht mehr lecker.

Das Einzuckern

Damit sich der Zucker im Alkoholsud gleichmäßig verteilt, sind zwei unterschiedliche Verfahren möglich. Entweder

Hier entsteht Sauerkirschlikör: Die Früchte ziehen in einer Alkohol-Zucker-Lösung – nur fürs Foto in der Sonne.

setzen Sie Zucker gleich zu Beginn zu. Dann ist es jedoch erforderlich, die eingelegten Früchte in regelmäßigen Abständen gut durchzuschütteln, was beispielsweise bei Pflaumen in Whisky, einem Klassiker aus der schottischen Küche, kein Problem darstellt. Aber ein Rumtopf sollte beispielsweise so wenig wie möglich bewegt werden; hier gilt ja das Prinzip, die unterschiedlichen Obstsorten in Schichten durchziehen zu lassen. Zum Süßen empfiehlt sich dann eine Zuckerlösung (Läuterzucker), mit der Sie überdies die Süße beeinflussen können.

Läuterzucker, der sich auch zum Süßen von Cocktails oder für die Zuckerbäckerei eignet, wird zu gleichen Teilen aus weißem Zucker und Wasser hergestellt. Erhitzen Sie beides vorsichtig, bis sich der Zucker gelöst hat, und lassen Sie die Flüssigkeit dann kurz aufkochen.

Ein **Johannisbeerlikör** wie der südfranzösische Klassiker Crème de Cassis kann mit ersterer Methode gesüßt werden. Rechnen Sie für 1 Kilogramm schwarze Johannisbeeren 750 ml Alkohol (beispielsweise Wodka). Die Früchte werden verlesen und gewaschen und ziehen dann an einem dunklen, kühlen Ort sechs Monate im Alkohol durch. Dann werden die Früchte zerdrückt, in einer Kartoffelpresse, in der Küchenmaschine oder einem großen Mörser (so mache ich es). Etwa ein Drittel des Originalgewichts der Johannisbeeren wird nun in einer Zuckerlösung zugesetzt: Erwärmen Sie 300 g feinsten Zucker in 100 ml Wasser, bis er vollständig gelöst ist, rühren Sie diese Zuckerlösung unter und lassen Sie den Ansatz noch weitere drei Monate an einem dunklen, kühlen Ort ziehen. Dann können Sie den Likör abseihen – ein sauberes Küchenhandtuch eignet sich dafür sehr gut – und auf Flaschen ziehen. In Frankreich wird dieser Likör in kleiner Dosierung Weißwein, Crèmant oder sogar Champagner beigegeben, er schmeckt aber auch zu schlichtem Vanilleeis, als gekühlter Aperitif auf Eis oder als geheime Zutat in einem Obstsalat.

Diesem Likör aus roten Johannisbeeren wird zu Beginn Zucker und Alkohol zugesetzt, dann zieht er für 6–8 Wochen durch.

Zitronenlikör

An Italiens berühmter Amalfi-Küste wachsen Zitronen mit sehr aromatischer Schale, die einst die Basis für diesen Zitronenlikör – in Italien: Limoncello – waren. Auf gut sortierten Wochenmärkten wird diese dickschalige Zitrusfrucht angeboten, bei der man sogar das Weiße mitessen kann; aber auch Lebensmittelhändler können sie besorgen. Natürlich eignen sich auch Zitronen, die nicht behandelt wurden.

1. Die Zitronen warm abwaschen und sorgfältig trockenreiben. Die Schale mit einem Sparschäler in größeren Streifen abziehen; nicht mit einem Zestenreißer oder einer Reibe abreiben. Das Weiße (Amalfi-Zitronen ausgenommen) mit einem Grapefruitlöffel oder einem Messer abreiben.

2. Die Zitrusstreifen ganz dünn aufschneiden, in ein größeres Gefäß geben, den Wodka angießen, das Gefäß mit Klarsichtfolie abschließen, damit der Alkohol nicht verdampft, und etwa 3 Tage an einem kühlen, dunklen Ort durchziehen lassen.

3. Den Zucker mit 800 ml Wasser in einem Topf bei leichter Hitze erwärmen und so lange gut durchköcheln, bis der Zucker völlig gelöst ist. Auf Handwärme abkühlen lassen, dann unter die Wodkamischung rühren. Abgedeckt mindestens 24 Stunden durchziehen lassen.

4. Den Limoncello über ein Spitzsieb in ein Gefäß abseihen, dabei die Zitronenschalen auffangen und nicht weiter verwenden. Den Limoncello auf sterilisierte Flaschen aufziehen und bis zur Verwendung an einem kühlen, dunklen Ort aufbewahren. Er hält mehrere Wochen.

TIPP
Dieser Zitronenlikör schmeckt am besten in kleiner Dosierung, als Spritz mit Mineralwasser oder als eisgekühlter Likör. Noch feiner ist Limoncello als Aromengeber für schlichte Rührkuchen, als feine Würze in Käsekuchen (ohne Rosinen!), zu Vanilleeis oder Zitronensorbet und sogar in einem Tiramisu.

Für etwa 1500 ml
10 aromatische, reife Bio-Zitronen oder Amalfi-Zitronen
1 Flasche Wodka
600 g feinster Zucker

Klassischer Rumtopf

Dieser Rumtopf benötigt mehrere Monate, und zwar nicht, weil der Alkohol so lange Zeit braucht, um das Obst haltbar zu machen, sondern weil jedes Obst nur nach Saison verwendet wird. Eigentlich könnte dieser Rumtopf als Ursprung der neuen saisonalen Küche durchgehen!

1. Die verwendeten Früchte penibelst verlesen. Keine angestoßene Frucht verwenden. Steinobst halbieren und entkernen, Kirschen und Schattenmorellen entsteinen.

2. Die erste Obstsorte nach Saisonalität abwiegen und mit der halben Menge Zucker in einen Rumtopf oder ein irdenes Gefäß in Zylinderform mit einem Deckel geben. So viel Rum angießen, dass die Frucht gut bedeckt ist. An einem kühlen dunklen Ort lagern. Zwischen den Deckel und das Gefäß Klarsichtfolie spannen, damit der Alkohol nicht verdampft.

3. Die nächste(n) Fruchtsorte(n) entsprechend der Saison zugeben und den Vorgang wiederholen.

4. 14 Tage nach der letzten Fruchtzugabe den Rumtopf gut durchrühren. Nun noch mehrere Wochen an einem kühlen, dunklen Ort aufbewahren und durch eine Lage Klarsichtfolie und einen Deckel schützen.

INFO
Welche Früchte Sie für Ihren Rumtopf verwenden, ist letztendlich eine reine Geschmacksfrage. Eine Faustregel: Es eignet sich eigentlich fast jedes Obst, das saisonal perfekt gereift, aber nicht überreif geerntet wurde; absolute Ausnahmen sind Äpfel und Birnen, ebenso Melonen und Bananen. Sie können zum Beispiel einen feinen Rumtopf nur aus Steinobst machen – Pflaumen, Nektarinen, Pfirsiche, Aprikosen. Oder eine Mischung aus Beeren und Steinobst probieren – dann passen Himbeeren, Johannisbeeren und Trauben (ohne Kerne) sehr gut. Entsteinte, aromatische Schattenmorellen schmecken im Rumtopf besser als Süßkirschen oder »Knubberkirschen«. Sie finden Sie saisonal sehr begrenzt im Juli auf Wochenmärkten. Fragen Sie am besten Ihren Händler, wann er sie Ihnen besorgen kann.

Für etwa 1200 ml
Insgesamt 1 kg reife, unversehrte Früchte nach Belieben (s. Info)
500 g feinster Zucker
ca. 800 ml Rum guter Qualität

Sommerbeeren in Brandy

Im Gegensatz zum Rumtopf, der über mehrere Monate ziehen muss, können diese in Brandy eingelegten Früchte schon nach einigen Wochen probiert werden. Sie schmecken wunderbar zu Eiscreme oder Joghurt, später im Jahr auch zu Wildgerichten. Oder zu zartem Gebäck wie Madeleines.

Für etwa 800 ml
500 ml Sommerbeeren nach Belieben
200 g feinster Zucker
500 ml Brandy

1 Die Sommerbeeren sorgfältig verlesen: auf keinen Fall angestoßene Früchte verwenden. Früchte bei Bedarf waschen, vollständig trockentupfen. Die Beeren in eine Schüssel geben, den Zucker unterrühren. Abgedeckt mehrere Stunden stehen lassen, bis der Zucker vollständig gelöst ist.

2 Den Brandy unterrühren. Die Früchte mit Brandysud auf Gefäße mit Bügelverschluss verteilen und an einem kühlen, dunklen Ort mindestens 2 Wochen durchziehen lassen, dann gut durchschütteln und noch mindestens 1 Woche durchziehen lassen.

Madeleines

Für 12 Stück
100 g Butter zzgl. 1 EL zum Fetten
1 Bio-Zitrone
80 g Zucker
2 Eier
150 g Mehl
½ TL Backpulver
1 TL Grieß

1 Den Ofen auf 180 °C vorheizen, und die Butter in einem ofenfesten Töpfchen im aufheizenden Ofen zerlassen. Die Zitrone waschen und abtrocknen.

2 Den Zucker und die Eier mit einem Rührmixer in einer Schüssel verrühren. Die zerlassene Butter unterrühren und sorgfältig verschlagen.

3 Das Mehl mit dem Backpulver verrühren und in den Teig sieben. Mit leichter Hand vorsichtig, aber vollständig unterrühren; wird das Mehl zu sehr aufgeschlagen, wird der Teig nicht locker. Die Zesten der Zitrone abreiben und unterrühren.

4 Eine Madeleine-Backform sorgfältig einfetten, mit Grieß einstäuben, den Überschuss abklopfen. Den Teig einfüllen und im vorgeheizten Backofen 12–15 Minuten goldbraun backen. Noch warm mit Früchten in Brandy servieren.

Hubert Ziervogels selbst gemachter Zirbenschnaps

In fünfter Generation führt der gelernte Landwirt Hubert Ziervogel das wohl schönste und freundlichste Gasthaus im Nationalpark Hohe Tauern in Kärnten, das »Hotelchen Döllacher Dorfwirtshaus«. Sein Dorfwirtshaus ist über 500 Jahre alt und unglaublich atmosphärisch. Stammgäste bekommen diesen Zirbenschnaps ausgeschenkt.

1 Die Zirbenzapfen mit einem scharfen Messer so fein schneiden, dass sie durch einen Flaschenhals passen. Die Bourbon-Vanilleschote längs halbieren. Beides in zwei saubere Flaschen mit Schraub- oder Bügelverschluss geben und mit Schnaps aufgießen.

2 Die Schnapsflaschen mindestens 14 Tage an einem kühlen, dunklen Ort lagern, dann den Schnaps durch ein mit einem frischen Küchentuch ausgelegtes Sieb in eine Schüssel abseihen. Mittlerweile hat sich der Schnaps rötlich verfärbt.

3 Den Schnaps in der Schüssel verkosten und mit einem Süßungsmittel nach Belieben süßen. So lange stehen lassen, bis das Süßungsmittel vollständig gelöst ist. Den Schnaps auf kleine Flaschen aufziehen und luftdicht verschließen.

TIPP
Natürlich kann man als Basis auch einen Schnaps mit höherem Alkoholgehalt verwenden. Wem der Alkohol dann zu sehr vorschmeckt, der kann den Schnaps mit etwas destilliertem Wasser servieren, um ihn zu verdünnen.

Für 2000 ml
10 Zirbenzapfen
1 Bourbon-Vanilleschote
2 l neutraler Schnaps
(H. Ziervogel verwendet Kornbrand mit 38 % Alkoholgehalt)
2–3 EL Kandiszucker oder Honig oder nach Belieben

Essig, Öl & Sirup

Aus guten Ölen mit natürlichen und aromatischen Zutaten ganz persönliche Würzöle herstellen, erfrischend-pikante Essige mixen oder das Aroma aus Kindertagen in einem selbst gemachten Fruchtsirup einfangen – in diesem Kapitel geht es um Veredelung und um ein bisschen Retro-Feeling.

Es wird flüssig

Wenn Sie keinen Spaß daran finden, stundenlang in der Küche zu stehen, um etwas zuzubereiten, was in spätestens 13 Minuten in aller Munde und damit vom Tisch ist, dann werden Sie in diesem Kapitel die besten Anregungen finden, wie sich mit einigen Handgriffen ein Würz- und Aromaregal der Sonderklasse ansetzen lässt.

Ein Händchen fürs Öl

Öle, die Sie selbst aromatisieren, sind besonders dankbar. Mit ihnen lässt sich ein schlichter Blattsalat ungewöhnlich abschmecken, sie geben Dips eine neue Note, sie lassen sich als Faden über eine Gemüsesuppe ziehen – das sieht dann auch noch sehr schön aus.

Die Grundzutaten müssen stimmen. Ein Öl guter Qualität ist notwendig, um ein außergewöhnliches Würzöl herzustellen. Die Zeit tut ihr Übriges, wobei Sie in diesem Kapitel auch Turbo-Öle finden, die schon nach einer Nacht an einem kühlen Ort einsatzfähig sind.

Der Vorgang ist immer gleich: Die ätherischen Öle des Aromats bzw. Aromaträgers, ob es nun Lavendel ist, Thymian oder Rosmarin, benötigen Fett, um sich zu lösen. Welches Öl verwendet wird, ist dabei letztendlich egal und eine Frage Ihres Geschmacks. Mittlerweile gibt es beispielsweise auch Rapsöle von so guter Qualität – kalt gepresst, schonend hergestellt und nussig-aromatisch – dass sie eine echte Alternative oder einfach nur Abwechslung zum kalt gepressten Olivenöl sind. Auch Sonnenblumenöle aus kleineren Herstellerbetrieben sind interessant, und überdies ähnlich wie Raps- oder Olivenöl auch sehr gesund.

Wie lange solche Öle haltbar sind, darüber gehen die Expertenmeinungen sehr auseinander. Ich bereite am liebsten kleine Mengen zu, die innerhalb der kommenden Wochen verbraucht werden können, und bewahre sie im Kühlschrank auf.

Auch als Geschenke eignen sich selbst aromatisierte Öle sehr gut.

Jetzt ist's Essig

Umgangssprachlich bezeichnet diese Redensart etwas, das nicht geklappt hat. Damit etwas aber wirklich Essig werden kann, ist ein bisschen mehr erforderlich, Zeit beispielsweise und Alkohol (aber nicht mehr als 6 Prozent). Denn damit Essig entsteht, sind Essigbakterien erforderlich, die wiederum Alkohol – beispielsweise Weißwein für Weißweinessig oder Sherry für Sherryessig – mithilfe von Sauerstoff zu Essigsäure und Wasser umwandeln.

Anders gesagt, lässt man Wein lange genug offen stehen, ist's irgendwann Essig mit gutem Wein. Doch erst eine Essigmutter sorgt dann dafür, dass aus altem, abgestandenem Wein sehr guter Essig wird. Diese Essigmutter wäre ganz natürlich in jeder Essigflasche vorhanden, aber viele Hersteller filtrieren ihren Essig, weil Verbraucher oft der Meinung sind, eine Essigmutter deute auf verdorbenen Essig hin. Schauen Sie mal Ihre Essigflaschen an, vielleicht entdecken Sie klebrige Rückstände am Flaschenboden: Das ist sie.

Im Internet gibt es für die kontrollierte Herstellung von Essigmutter das erforderliche Zubehör. Der Vorgang selbst ist leicht: Diese Essigmutter dient als »Starterkultur« und wird in einem Glasballon oder einem entsprechenden Essiggefäß mit dem durch Wasser verdünnten Alkohol (eben nicht mehr als sechs Prozent) vermengt, das nennt man auch »Beimpfen«. Nach etwa einem Monat entsteht eine neue Essigmutter. Nach insgesamt etwa drei Monaten – abhängig von der Lagerung und vom Alkoholgehalt – können Sie Ihren Essig zum ersten Mal probieren.

Ein ganz simpler, winterlich-aromatischer Würzessig mit Pimentkörnern, Zimtstange, Gewürznelken und Lorbeer kann beispielsweise ein Jahr im Voraus kalt angesetzt werden, entweder aus einem selbst gemachten Essig oder aus einem guten Weinessig.

Obst liefert ebenfalls einen guten Essig. Dabei werden Obstweine (beispielsweise Apfelwein) vergoren. Wer in der gerade so angesagten frugalen Küche darauf achtet, wirklich nichts wegzuwerfen, kann auch aus Apfelresten (Schalen, Kerngehäuse) Apfelessig gewinnen. Dafür werden die Reste in Wasser über diverse Monate eingelegt, bis sie zu gären beginnen, werden dann abgeseiht und die Flüssigkeit umgefüllt. Auch ganzes Fallobst eignet sich für die Essigherstellung. Es wird verlesen, fein zerstoßen und gärt dann in einem Topf, dessen Deckel beschwert ist, mindestens einen Monat. Dann wird das Fallobst abgeseiht und der Saft mit etwa 20 Prozent der gleichen Menge an Weißweinessig aufgefüllt.

Wichtig ist bei Obstessigen immer, dass das Ausgangsprodukt einwandfrei ist. Dunkelbraune oder bereits faule Stellen unbedingt wegschneiden.

Selbst aus Bier lässt sich Essig herstellen, jedenfalls ist in England ein aus **Malz** gewonnener Essig ein Klassiker, der in keiner Fish-and-Chips-Bude fehlen darf, gewonnen aus ungehopftem Bier.

Sirup – Aroma aus Kindertagen

Sirup selbst zu machen ist nicht nur kinderleicht, sondern hat auch etwas Verspieltes. Immerhin wird dafür eine Abtropfstation benötigt, die auch aus einem Pippi-Langstrumpf-Abenteuer stammen könnte. Sie brauchen einen Stuhl, ein großes Küchentuch, Bindfaden und einen großen und vor allen Dingen breiten Topf.

Zum Befüllen mit selbst angesetzten Ölen auf Kräuterbasis eignen sich Flaschen in hübschen Formen mit einem gut sitzenden Verschluss, auch recycelte Korken.

Binden Sie die vier Enden des Tuchs an den Stuhlbeinenden des umgekehrt auf einen Tisch gestellten Stuhls fest und stellen Sie den Topf darunter. Nun löffeln Sie die Fruchtmasse in die Mitte des Küchentuchs, das dann ein bisschen nach unten durchhängt. In den nächsten Stunden (mindestens zwei Stunden sollte der Saft zum Durchtropfen Zeit haben) tropft er dann direkt in den Topf.

Das ist eigentlich auch schon das Prinzip des Sirups. Frisches, aromatisches und natürlich absolut einwandfreies Obst oder Pflanzen wie Löwenzahn werden zerkleinert, eingeweicht, danach ausgedrückt und mit Zucker gesüßt bzw. haltbar gemacht. Besonders einfach geht das bei **Holunderblütensirup.** Wählen Sie einwandfreie, duftige Dolden, schütteln Sie diese beherzt, um winzige Tierchen zu entfernen. Rechnen Sie für 1 l Wasser 20 üppige Dolden, die mit 2 EL Zitronensäure und 1 kg feinstem Zucker sowie zwei unbehandelten und in feine Scheiben geschnittenen Zitronen über Nacht in einer Schüssel durchziehen. Am nächsten Tag können Sie diesen Sirup abseihen und auf Flaschen abziehen – und servieren auf der nächsten Sommerparty Ihr eigenes Hugo-Trendgetränk.

Als Faustregel für das Mischverhältnis Obst zu Zucker gilt beim Sirup 1 kg Obst auf 1 kg Zucker. Das ist süß, aber immerhin ist Sirup zur Verdünnung gedacht, mit Wasser, mit Sprudel, mit Sekt, mit Weißwein (bei Himbeeren passt auch Rotwein) oder mit Milch. Teelöffelweise schmeckt Sirup allerdings auch wunderbar zu Pfannkuchen und Waffeln. Zitronensäure (Sorbinsäure) wird häufig aus Gründen der Haltbarkeit zugegeben, ist aber gesundheitlich unbedenklich.

> **TIPP** Wenn Wasser mit im Spiel ist und Zucker: Zucker löst sich in heißem Wasser leichter auf. Die restlichen Aromaten erst zugeben, wenn das Wasser auf handwarm abgekühlt ist.

Superschöne und appetitlich leuchtende Mitbringsel sind selbst angesetzte Essige wie dieser Apfelessig auch.

Die Holunderblütendolden für selbst gemachten Holunderblütensirup sollten frisch und ohne welke Stellen sein.

Estragonessig

Eigentlich konzentriert Trocknen den Geschmack – nicht jedoch den von Estragon. Dieses Kraut schmeckt frisch wesentlich intensiver als getrocknet. Sein an Anis erinnerndes Aroma passt sehr gut zu Eierspeisen, Sahnesaucen und Fisch. Als Essig würzt Estragon klassische Salate und ist auch sehr fein in einem Kartoffelsalat.

Für etwa 250 ml
5 Stängel frischer Estragon
250 ml Essig (z. B. Apfelessig)

1 Den Estragon kalt abbrausen und sorgfältig trockentupfen. Die Blättchen von den Stängeln zupfen und im Mörser etwas zerstoßen, damit sich das Aroma entfaltet.

2 Die zerstoßenen Blättchen mit dem Essig in ein Schraubglas umfüllen, gut durchschütteln, dann etwa 2 Wochen im Kühlschrank durchziehen lassen.

3 Danach abseihen und in eine Flasche umfüllen. Bei Wunsch ganze, frische Estragonstängel zugeben. An einem kühlen, dunklen Ort aufbewahren.

Würzdressing für Kartoffelsalat

Für 1 kg Kartoffelsalat für etwa 4 Personen
½ Schalotte
1 kleine Knoblauchzehe
1 TL feinster Zucker
½ TL Senfpulver
1 Msp. rosenscharfes Paprikapulver
¼ TL edelsüßes Paprikapulver
½ TL Selleriepulver
2 EL Estragonessig
100 ml Öl nach Belieben (z. B. Rapsöl)
Salz
Schwarzer Pfeffer aus der Mühle

1 Die Schalotte und die Knoblauchzehe abziehen und ganz fein hacken. Mit dem Zucker, dem Senfpulver, dem Rosenpaprika und dem edelsüßen Paprika, dem Selleriepulver, dem Estragonessig und dem Öl in ein Einweckglas mit Schraubverschluss füllen und sorgfältig schütteln, bis die Flüssigkeit emulgiert. Mit Salz und Pfeffer würzen.

2 Über die frisch gegarten und noch warmen Kartoffeln gießen, gut durchrühren und mehrere Minuten durchziehen lassen. Bei Bedarf noch nachsalzen.

TIPP

Der Name »Estragon« *(Artemisia dracunculus)* kommt aus dem Lateinischen. *Dracunculus* heißt »kleiner Drache«. Beim Würzen ist also Vorsicht angesagt, Estragon schmeckt ganz schnell vor.

Feigen-Balsamico

Im Frühsommer und im Herbst werden in Italien meine Lieblingsfrüchte angeboten, Feigen. Sie duften wunderbar und passen zu den unterschiedlichsten Gerichten, zu Hartkäse, Salami und Schinken und zum Salat. Hier ergänzt ihre fruchtige Süße das feine Aroma eines Balsamicoessigs. Bereiten Sie nur kleine Mengen zu; dieser Essig hält nicht lange.

1. Den Balsamicoessig in einen Topf geben. Die Feigen waschen und mit der Schale fein schneiden.

2. Die Feigen unter den Essig ziehen, den Essig bei leichter Hitze erwärmen. Die Feigen zerdrücken. Weiter köcheln lassen, bis die Feigen vollständig zerfallen sind (etwa 10 Minuten).

3. Alles im Standmixer fein pürieren und in ein Küchentuch füllen. Über Nacht in eine Schüssel abseihen, das Tuch fest zusammendrücken und letzte Reste herauspressen.

4. Den Essig in eine Flasche abfüllen und im Kühlschrank aufbewahren. Hält etwa 1 Woche.

Für etwa 200 ml
250 ml Balsamicoessig
4 reife frische Feigen

Blauschimmel-Feigen-Happen

1. Den Ofen auf 180 °C vorheizen. Das Baguette diagonal in 12 Scheiben schneiden, die Scheiben einige Minuten im Ofen rösten, bis sie etwas knusprig sind.

2. Den Blauschimmelkäse mit etwas Pfeffer würzen und auf den Brotscheiben verstreichen. Darüber die Mandelsplitter streuen.

3. Den Feigen-Balsamico darüberträufeln und die Baguette-Happen gleich servieren.

Für etwa 12 Happen
1 Baguette
200 g Blauschimmelkäse
Schwarzer Pfeffer
 aus der Mühle
3 EL Mandelsplitter
2–3 TL Feigen-Balsamico

Himbeeressig

Dieser Essig hält einige Monate in der Kühlung. Er ist mit frischen Himbeeren gemacht – wundern Sie sich nicht über die überaus intensive Färbung. Wenn Sie etwas mehr Zucker hinzugeben, schmeckt er sogar über Vanilleeis geträufelt.

Für etwa 550 ml
500 g reife einwandfreie Himbeeren
500 ml Weißweinessig
4 EL feinster Zucker

1. Die Himbeeren verlesen, in einen Topf geben und mit einem Kartoffelstampfer oder einer Gabel zerdrücken. Den Weißweinessig angießen. Alles gut durchrühren. Mit einem Küchenhandtuch abdecken und an einem dunklen kühlen Ort zwei Tage durchziehen lassen. Dann den Zucker unterrühren.

2. Die Mischung erwärmen und bei leichter Hitze 10 Minuten durchköcheln. Schaum bei Bedarf mit einem Schaumlöffel abschöpfen.

3. Die Mischung in ein Küchenhandtuch geben und über einer Schüssel abtropfen lassen. Nach drei Stunden das Küchenhandtuch fest zudrehen und auswringen.

4. Den Essig in sterilisierte Gläser abfüllen und mindestens zwei Wochen durchziehen lassen. An einem dunklen kühlen Ort aufbewahren.

Sommersalat mit Spinat und Himbeeressig

Für 4 Personen
300 g Spinatblätter für Salat
2 reife aromatische Avocados
4 EL Walnusskerne oder Haselnüsse
2 EL Himbeeressig
4 EL Rapsöl
1 Prise Salz
½ TL Senf
1 Prise Zucker

1. Die Spinatblätter verlesen, von den Stängeln befreien und in kaltem Wasser mindestens einmal waschen, dann trockenschleudern oder mit einem Küchentuch trockentupfen. Eine große Salatplatte damit auslegen.

2. Die Avocados halbieren, die Kerne entfernen, das Fleisch in Spalten schneiden und mit den Nüssen über den Spinatblättern anrichten.

3. Die Vinaigrettezutaten in einem Schraubglas mengen und kräftig schütteln, bis die Flüssigkeit emulgiert. Über den Salat träufeln und gleich servieren.

TIPP
Verwenden Sie unbedingt kalt gepresstes Rapsöl. Es besitzt im Vergleich zum im Heißverfahren gewonnenen Öl einen intensiveren Geschmack und sämtliche wertvollen Inhaltsstoffe.

Basilikumöl

Zum Sommer gehört das Aroma von Basilikum einfach dazu. Kaum jemand, der diesen schwer zu beschreibenden, aber unverkennbaren Duft nicht mag. Basilikum ist jedoch überdies sehr gesund, denn seine pflanzlichen Wirkstoffe (Phytochemikalien) gelten als appetitanregend und verdauungsfördernd. Für dieses Rezept eignen sich auch etwas schlapp gewordene Blättchen.

1 Die Blätter mit einem Küchentuch abreiben, nicht waschen, da sie sich sonst dunkel verfärben und auch das Öl eintrübt. Die Blätter in ein Einweckglas schichten.

2 Das Olivenöl extra vergine angießen. Das Öl mindestens 12 Stunden im Kühlschrank durchziehen lassen. Dann abseihen und innerhalb der nächsten 14 Tage verwenden.

Für 250 ml
1 große Handvoll Basilikumblätter
250 ml Olivenöl extra vergine

Sommerpastasalat mit Basilikumöl

1 Die Pasta nach Packungsangabe in viel sprudelndem Salzwasser al dente garen. Die Tomaten vom Stielansatz befreien, vierteln und in eine Pastaschüssel geben.

2 Den Mozzarella in feine Scheiben schneiden und unter die Tomaten rühren. Beides salzen und pfeffern.

3 Die fertig gegarte Pasta aus dem Kochsud heben und unter die Tomaten und den Mozzarella rühren.

4 Das Basilikumöl mit 2 EL Kochsud verrühren und sorgfältig unterziehen. Mit den entsteinten Oliven garnieren und entweder gleich servieren oder einige Zeit abgedeckt bis auf Zimmertemperatur abkühlen lassen. Vor dem Servieren nochmals gut durchheben.

Für 3–4 Personen
500 g Penne
Salz
500 g reife Tomaten
250 g Mozzarella
Schwarzer Pfeffer aus der Mühle
100 ml Basilikumöl
2 EL schwarze entsteinte Oliven

Rosmarinöl

Mit diesem wunderbaren Würzöl könnten Sie auch einen winterlich-warmen Badewannengang aromatisieren. Aber Rosmarin duftet nicht nur unvergleichlich, es ist auch ein sogenanntes Superfood (obwohl man davon natürlich nicht satt wird). Die Wirkstoffe machen den Kopf klar, sorgen für gute Durchblutung, befreien die Atemwege, helfen bei Verstopfung und sind entzündungshemmend. Ein simpler Fetakäse aus dem Supermarkt wird mithilfe von Rosmarinöl zu einer Delikatesse oder zu einem hübschen Mitbringsel.

Für etwa 250 ml
12 Stängel Rosmarin
250 ml Öl nach Belieben

1. Die Rosmarinstängel kalt abbrausen und sorgfältig mit einem Küchentuch trockentupfen. In ein Einmachglas legen und mit dem Öl nach Wunsch begießen.

2. Das Rosmarinöl mehrere Tage im Kühlschrank durchziehen lassen. Dann innerhalb von etwa 14 Tagen verwenden.

TIPP
Sie können das Öl unter Wärmeeinwirkung auch über einen längeren Zeitraum ziehen lassen. Stellen Sie das Öl einfach mehrere Monate auf die Fensterbank. Die Rosmarinnadeln verfärben sich während dieser Zeit und sollten abgeseiht werden. Ein neuer frischer Rosmarinzeig sorgt dann wieder für eine ansprechende Optik.

Selbst eingelegter Fetakäse

Für etwa 200 g
½ Bio-Zitrone
200 g abgepackter Fetakäse
3 getrocknete rote Chilischoten
2 EL Rosa Pfefferbeeren
100–150 ml Rosmarinöl

1. Die Schale der Bio-Zitrone in einem breiten Streifen abziehen, dabei so wenig wie möglich vom Weißen unter der Schale abziehen, denn dieses sogenannte Mesokarp kann das Öl bitter machen. Die Schale in Stücke schneiden. Den Fetakäse aus der Lake heben, mit Küchenpapier trockentupfen und würfeln. Im Wechsel mit dem Zitronenschalenstückchen in ein Einmachglas schichten.

2. Die Chilischoten und die Pfefferbeeren an die Seiten stecken. Das Öl angießen. Die Mischung über Nacht im Kühlschrank durchziehen lassen, dann wenden, damit alle Käsestückchen mit Öl benetzt werden. Schmeckt prima in einem griechischen Salat mit Salatgurken und Tomaten oder auf Baguette.

Zitronenöl

Zitronenöl schmeckt nicht nur köstlich in Salaten und in Dips – es ist auch ein hervorragender Haushaltsreiniger. Wenn Sie das Öl beispielsweise zum Pflegen Ihrer Holzmöbel verwenden wollen, lassen Sie den Knoblauch und die Chilis im Rezept einfach weg. Das hat den weiteren Vorteil, dass das Öl länger hält.

1 Die Knoblauchzehen abziehen und mit dem Olivenöl extra vergine in einem Topf bei leichter Hitze erwärmen. 10 Minuten durchziehen lassen.

2 Die Schale der Zitrone in feinen Streifen abziehen, dabei möglichst wenig vom Weißen direkt unter der Schale mit abziehen. Mit den Chiliflocken ins Öl geben.

3 Das Öl auf Zimmertemperatur abkühlen lassen und in eine Flasche mit etwas größerer Öffnung umfüllen (sonst verstopfen die Knoblauchzehen die Öffnung). Im Kühlschrank aufbewahren und innerhalb der nächsten 14 Tage verbrauchen.

Für etwa 250 ml
6 junge Knoblauchzehen
250 ml Olivenöl
   extra vergine
1 Bio-Zitrone
1 Prise Chiliflocken

Capellini mit grünem Spargel und Zitronenöl

1 Die holzigen Enden des grünen Spargels abbrechen. Die Stangen waschen und in feine Scheiben schneiden. Die Köpfe längs halbieren. In viel sprudelndem Salzwasser 3 Minuten garen, dann abgießen.

2 Die Pasta in viel sprudelndem Salzwasser nach Packungsangabe al dente kochen. Die Pasta aus dem Garsud in eine Schüssel heben. Den Spargel unterrühren.

3 Das Zitronenöl mit 1–2 EL Garsud verrühren und unter die heiße Pasta heben. Mit Pfeffer abschmecken und gleich servieren.

Für 3–4 Personen
500 g grüner Spargel
Salz
500 g Capellini
   (oder Spaghettini)
100 ml Zitronenöl
Schwarzer Pfeffer
   aus der Mühle

Himbeersirup

Wenn es etwas gibt, was für mich den Sommer beschreibt, dann der Nutzgarten meiner niederbayerischen Oma. Dort durfte ich kleine Großstädterin Rosenkugeln und Staudenbohnen bestaunen und mir die schneeweißen Kniestrümpfe ohne Schimpfe dreckig machen. In ihrem Nutzgarten, mit dem sie fünf Kinder großgezogen hatte, wuchsen auch Himbeeren, von denen wir nicht naschen durften, denn sie wurden zu Sirup verarbeitet. Bis heute kenne ich diesen Duft und diese Farbe.

Für etwa 500 ml

1 kg reife, aromatische Himbeeren
1 kg Zucker
1 Msp. Sorbinsäure oder nach Belieben

1. Die Himbeeren verlesen. Keine Früchte verwenden, die nicht mehr ganz einwandfrei sind, sonst verdirbt der Sirup.

2. Die Himbeeren mit 750 ml kaltem Wasser in einem großen Topf aufsetzen und erhitzen. Kurz vor dem Kochen auf niedrige Hitze zurückschalten und 15 Minuten durchziehen lassen.

3. Den Zucker und die Sorbinsäure, falls verwendet, in einen großen Topf füllen. Die Himbeeren portionsweise in ein Passiertuch füllen und über dem Topf abtropfen lassen. Zwischendurch immer wieder gut durchrühren, damit sich der Zucker im warmen Obstsaft vollständig löst und gleichmäßig verteilt.

4. Nach etwa 2 Stunden mit Löffeln das Passiertuch von oben nach unten massieren, um den restlichen Saft herauszudrücken. Nochmals gut durchrühren. Auf Flaschen abziehen.

TIPP

Zur Verwendung von Sirup können Sie auch eingefrorene Himbeeren verwenden. Frieren Sie die Früchte erst in einer Lage auf einem Backblech ein. Wenn sie gefroren sind, können sie dann in platzsparende Beutel umgefüllt werden.

Tannen-/Fichtenspitzensirup

Für diesen Sirup müssen Sie die jungen, hellgrünen Triebe von Tannen oder Fichten stibitzen. Nach einem Waldspaziergang kann es dann losgehen.

Für etwa 1250 ml
50 g junge Tannen-/
  Fichtenspitzentriebe
500 ml Orangensaft
Saft von 2 Zitronen
1 kg Zucker
2 Päckchen Bourbon-
  Vanillezucker

1 Gewaschene Tannen-/Fichtenspitzentriebe gut abtropfen lassen. Mit 500 ml Wasser in einen Topf geben. Einmal kräftig aufkochen und zugedeckt über Nacht stehen lassen.

2 Danach abseihen und abtropfen lassen. Orangen- und Zitronensaft, Zucker und Bourbon-Vanillezucker dazugeben und bei mäßiger Hitze zu Sirup einkochen lassen.

3 Den Sirup noch heiß in vorbereitete Gläser füllen und gut verschließen.

TIPP
Probieren Sie mal ein Sauermilchsorbet dazu: 250 g feinsten Zucker mit 250 ml Wasser in einem Topf einmal aufwallen lassen, gut verrühren, auf handwarm abkühlen lassen. Dann ½ Päckchen weiße Gelatine unterrühren. 800 ml Sauermilch unterrühren, mit Honig nach Belieben süßen und in der Eismaschine nach Herstellerangabe fest werden lassen.

Löwenzahnsirup von Helene Riedberger

Im Alpenraum kennt man ihn noch, den Löwenzahnsirup. Zu kaufen gibt es ihn selten, aber viele machen ihn selbst. Helene Riedberger aus Pontresina verdient ihr Geld damit, die Reichen und Schönen der Welt rund um St. Moritz mit Pferdekutschen durch die Landschaft zu fahren. Sie hat ein großes Herz für Tiere und einen Gnadenhof für alte Pferde. Aber sie ist auch gelernte Köchin. In jedem Sommer, wenn der Löwenzahn blüht, sammelt sie fleißig.

1 Die Löwenzahnblüten kalt abbrausen, um mögliche Insekten zu entfernen. 1 l Wasser in einem Topf erwärmen.

2 Die Schale der Zitrone abreiben, die Zitrone auspressen. Beides mit den Blüten im Wasser erhitzen. Gut durchrühren, dann über Nacht abkühlen und durchziehen lassen.

3 Die Flüssigkeit durch ein Haarsieb abseihen. Den Zucker unter die Flüssigkeit rühren und bei leichter Hitze mindestens 30 Minuten einköcheln lassen, bis die Flüssigkeit eine sirupartige Konsistenz erreicht hat und zähflüssig vom Rücken eines Holzlöffels tropft.

4 Den Sirup erkalten lassen und in sterilisierte Flaschen abfüllen.

TIPP
Helene Riedberger nimmt den Sirup auch als Basis für selbst gemachtes Vanilleeis.

Für etwa 1000 ml
250 g Löwenzahnblüten (ohne die grünen Hüllblätter)
1 Bio-Zitrone
1 kg Rohzucker

Einsalzen & Gelieren

Schon unsere Vorväter salzten ein – Archäologen haben eingesalzenen Fisch aus dem Jahr 3 500 v. Chr. ausgegraben! Und bis heute gehört Eingesalzenes wie Graved Lachs zu den beliebtesten Gerichten.
Der Wackelpeter hat keine so lange Tradition, doch Geliertes hat das Zeug dazu, wieder in Mode zu kommen!

Nicht die Suppe versalzen

Wenn Sie noch nie bewusst Salz zum Konservieren von Lebensmitteln eingesetzt haben, werden Sie aus zwei Gründen sehr positiv überrascht sein. Einsalzen geht nämlich erstens kinderleicht und ohne großen Aufwand. Und liefert zweitens ein Geschmacksergebnis, das gar nicht mehr viel mit Salz zu tun hat.

Einsalzen hat eine lange Geschichte. Diese Technik der Haltbarmachung wird schon seit Tausenden von Jahren praktiziert, und zwar mehr oder weniger auf dem ganzen Erdball, ob in China, Portugal oder bei den kanadischen und amerikanischen Ureinwohnern.

Aber wieso ist das Einsalzen so populär? Und ist es heute, wo wir alle auf unseren Salzkonsum achten, nicht eigentlich die völlig falsche Art der Ernährung?

Einsalzen und Versalzen sind jedoch ganz unterschiedliche Dinge. Das richtige Einsalzen macht ein Lebensmittel haltbar. Ob ein Schweinespeck eingesalzen wird, eine Lachsseite, Soleier oder ein Schinken – Salz funktioniert immer auf die gleiche Weise: Es entzieht dem Lebensmittel Feuchtigkeit. In diesem trockenen, salzigen Umfeld können sich Mikroorganismen nur noch schwer ausbreiten. Außerdem gibt Salz dem Lebensmittel Würze, ohne es zu versalzen.

Die Wahl des richtigen Salzes

Welches Salz verwendet werden soll, ist relativ einfach zu beantworten: einfaches Salz, idealerweise ohne Zusätze wie Rieselhilfen, Fluor oder Jod. Teure Designersalze, ob sie nun aus einem australischen Fluss oder aus dem Himalaja stammen, sind ähnlich wie bereits aromatisierte Salze oder die feinen Salzblumen, die als Fleur de Sel von der Küste Frankreichs oder als Flor de Sal von der Insel Mallorca kommen, nicht geeignet.

Erstens sind sie viel zu teuer und zweitens (leider kann ich Ihnen dazu keine wissenschaftliche Erklärung liefern, sondern nur aus leidvoller, eigener Erfahrung sprechen) funktionieren sie einfach nicht so gut wie ein Haushaltssalz guter Qualität. Grobkörniges Meersalz hingegen eignet sich gut zum Einsalzen.

Oft wird Eingesalzenes hinterher noch geräuchert. Diese Aromenkombination – man denke nur an Räucherlachs oder Räucherspeck – liefert einen wunderbaren Geschmack, ist aber nicht ohne ein Mehr an Gerätschaften zu bewerkstelligen. Deshalb haben wir uns dagegen entschieden, solche Rezepte aufzuführen. Denn dieses Handbuch soll Ihnen alles rund ums Haltbarmachen auch auf machbare Art und Weise nahebringen. Das Hantieren mit Räucherofen und anderen Geräten ist schon etwas für Passionierte.

Ebenfalls haben wir auf die Verwendung von Nitritsalz verzichtet. Dieses Pökelsalz wird in der Lebensmittelindustrie verwendet. Im Gegensatz zum früher gebräuchlichen Nitratsalz, das sich längst als gesundheitsschädlich erwiesen hat, stellt Nitritsalz keine Gesundheitsgefährdung dar. Es sorgt allerdings dafür, dass Eingesalzenes wie Speck, Schinken oder Wurst eine appetitliche Farbe bekommt. Für den Hausgebrauch ist es aber nicht erforderlich.

Absolut erforderlich beim Einsalzen ist jedoch **Hygiene.** Es hat schon einen Grund, warum die Metzger und die Fischhändler ihre Waren in einem weiß gekachelten Umfeld aufbewahren: Solche Oberflächen lassen sich problemlos reinigen. Für den Hausgebrauch können Sie Ihre Arbeitsflächen und Ihr Werkzeug ganz einfach mit Essigreiniger reinigen.

Gesundheitlich gesehen ist Salz ein Mineral, ohne das wir nicht leben können. Nicht umsonst spricht schon die

Bibel vom »Salz des Lebens« in Zusammenhang mit etwas, das besonders ist. Unser Körper kann Salz nicht selbst produzieren; es muss also zugeführt werden. Bei Salzmangel funktionieren die Muskeln und das Nervensystem nicht mehr adäquat. Hat der Körper gar kein Salz zur Verfügung, dann kann er nicht überleben. Alle unsere Körperflüssigkeiten (Blut, Tränen, Speichel, Schweiß) enthalten Salz. Salz muss also regelmäßig zugeführt werden. Experten empfehlen etwa fünf bis sechs Gramm pro Tag. Eine zusätzliche Salzzufuhr ist nur überflüssig und sogar bedenklich, wenn frisch Zubereitetes und Salate durch Fastfood und Fertiggerichte ersetzt werden.

Bevor wir uns mit den zwei wichtigsten Methoden, dem nassen und dem trockenen Einsalzen, beschäftigen, noch ein kleiner Tipp zum Thema Salzlake. Wenn Fleisch über kürzere Zeit, beispielsweise über Nacht, in Salzlake verbringt, wird das Fleisch später beim Zubereiten besonders saftig und die Haut extra kross. Millionen von Amerikanern bedienen sich dieses Tricks aus der Großmutterküche jedes Jahr, wenn sie zu Thanksgiving den traditionellen Truthahnbraten zubereiten. Diese Riesenvögel sind eigentlich weder besonders aromatisch noch liefern sie einen saftigen Braten. Über Nacht in einer Salzlake eingelegt – das einfache Mischverhältnis von 100 g Salz auf 1 l Wasser klappt am besten – und das Fleisch wird zart. Wenn Sie ein Brathähnchen mal auf diese Weise zubereiten wollen, geht das natürlich auch. Vor dem Zubereiten müssen Sie nur darauf achten, dass das Fleisch sorgfältig mit Küchenpapier abgewischt und trockengetupft wurde.

Trockenes und nasses Einsalzen

Doch nun zu den Haupttechniken trockenes und nasses Einsalzen. Beim **trockenen Einsalzen** spielt nicht nur das Salz eine wichtige Rolle, sondern auch die verwendeten Aromazutaten. Diese werden direkt in die Oberfläche eingerieben. Beim klassischen Gselchten aus Niederbayern beispielsweise kommen Wacholder, Pfeffer, Kümmel und Knoblauch zum Einsatz, je nach Metzger auch Lorbeer und Korianderkörner. Bei Kochschinkenspezialitäten werden zudem auch gerne Nelken und Piment verwendet.

Beim **nassen Einsalzen** wird das Salz mit Zitronensaft, Wasser oder auch Wein zu einer Salzlösung verdünnt. Diese Lake kann kalt angesetzt werden; dann geht's im ersten Arbeitsschritt fix. Doch in den kommenden Tagen muss das Lebensmittel häufiger und regelmäßig bewegt werden, damit das Salz, das sich erst über einen gewissen Zeitraum löst, auch gleichmäßig verteilt ist.

Wenn eine Lake warm angesetzt wird, dann löst sich das Salz beim Erwärmen gleichmäßig auf. Auch die Aromazutaten können bei einer Erwärmung ihre Würzkraft besser entfalten. Allerdings wird die Lake nicht warm verwendet, sondern muss nun erst wieder abkühlen, an einem kühlen Ort, idealerweise über Nacht. Damit Sie also gleich loslegen können, wenn Sie die Lust auf Eingesalzenes packt, haben wir uns für die erste Methode entschieden.

Wichtig für Salzqualität – dass es ohne künstliche Rieselhilfe locker bleibt.

Auf den nachfolgenden Rezeptseiten finden Sie beispielsweise einen feucht eingesalzenen und einen trocken eingesalzenen Lachs. Sie werden staunen, wie unterschiedlich sie schmecken.

Soleier haben eigentlich ein Revival verdient. Früher wurden Eier in Salzlake eingelegt, um einen Eiervorrat für die Wintermonate zu haben. Denn dann legten die Hühner keine Eier. Heute finde ich ein paar Soleier, in einem ansprechenden Einmachglas mit Pfefferkörnern, Lorbeerblättern und sogar einigen Gewürznelken eingelegt, ein nettes und ausgefallenes Gastgeschenk. Kochen Sie dafür Eier 10 Minuten (nicht länger, sonst bekommt das Eigelb einen unschönen Rand), schrecken Sie die Eier kurz ab und schlagen Sie die Schalen mit einem Löffel gleichmäßig auf, sodass sich leichte Risse bilden. Geben Sie die Eier mit den Aromazutaten in ein großes Schraub- oder Bügelglas. Erwärmen Sie ausreichend Wasser und geben Sie Salz dazu (auf 1 l Wasser 1 EL), sodass die Eier daumenbreit damit bedeckt sind. Nun lassen Sie die Soleier eine Woche im Kühlschrank durchziehen.

Gelatine ist (k)ein Zauberwerk

Gelatine ist farblos, geschmacklos und geruchlos. Doch mit Gelatine lassen sich die tollsten Sachen machen. Altmodische und kalorienleichte Nachspeisen wie Wackelpeter. Retrogerichte im Stil der sechziger Jahre. Und eine köstliche Resteverwertung namens Sülze.

Gelatine gibt es gemahlen im Tütchen oder als Blätter. Profis ziehen Gelatineblätter vor, denn sie sind der Meinung, dass sich damit der gewünschte Grad der Festigkeit präziser erreichen lasse. Als Faustregel entsprechen vier Blätter Gelatine einem Tütchen Gelatine. Einfacher zu verwenden ist natürlich die gemahlene Gelatine im Tütchen. Die Gebrauchsanweisung auf der Packung sagt Ihnen, wie lange die Gelatine eingeweicht werden muss (zwischen 3 und 5 Minuten) und wie viel Flüssigkeit Sie damit gelatinieren können (1 Tütchen ist meist für 500 Milliliter Flüssigkeit gedacht). Blattgelatine muss einige Minuten länger einweichen und erst noch ausgedrückt werden, bevor Sie sie verarbeiten können. Die gemahlene Gelatine wird mitsamt der Einweichflüssigkeit verwendet.

Mit Gelatine lässt sich unglaublich viel bewerkstelligen. So mache ich aus aromatischen Tomaten beispielsweise ein würziges Gelee (das Rezept dafür finden Sie auf S. 168), das mit Gelatine seine Standfestigkeit bekommt. Auch aus reifem Obst lässt sich mit Gelatine etwas Leckeres machen als ein simpler Obstsalat. Banane, Ananas, Erdbeere, etwas Schmand, ein Tütchen Gelatine – und einige Stunden Zeit, das ist alles, was Sie brauchen. Sie können dieses **Obstgelee** in unterschiedlichen Schichten anrichten, beispielsweise mit Erdbeeren, die Sie dann fest werden lassen, dann einer Zwischenschicht Schmand, darüber einer Schicht Ananas, ebenfalls mit Gelatine überzogen, und einer letzten Obstschicht mit Banane. Wenn Sie diesen riesigen Obstsalat dann stürzen, macht das richtig Eindruck.

TIPP Gelatine ist nichts für Vegetarier. Sie wird hergestellt aus Schweineschwarte und Tierknochen und ist ein klassisches Abfallprodukt bei der Schlachtung. So ließe sich natürlich mit Recht argumentieren, dass, wenn man schon Fleisch isst, man auch alles vom Schlachtvieh (und nicht nur das Steak) verwenden sollte. Aber für ernsthafte Vegetarier oder Veganer ist das natürlich keine Option.
Aus der asiatischen Küche kommt das Geliermittel Agar-Agar, das Sie im Bioladen oder im Reformhaus kaufen können. Es wird aus Rotalgen hergestellt, schmeckt aber – keine Sorge! – nicht nach Sushi, sondern ist wie auch Gelatine geschmacklos. Die Dosierung ist jedoch etwas anders; Hinweise auf der Verpackung geben darüber Auskunft.

Marinierter Lachs

Anders als beim nachfolgenden Graved-Lachs-Rezept wird der Lachs hier in einer nassen Marinade eingelegt, die zu gleichen Teilen aus Weißwein und Zitronensaft besteht. Salz kommt in größerer Menge dazu, damit der Lachs haltbar gemacht wird. Diese Zubereitungsart eignet sich besonders gut, wenn Sie den Lachs hinterher in dünne lange Scheiben aufschneiden wollen. Wenn er fertig mariniert ist, hält er noch etwa eine Woche im Kühlschrank.

Für etwa 10 Portionen
8 Zitronen (für etwa 200 ml Zitronensaft)
250 ml Weißwein
150 g Salz
80 g Zucker
1 Stück Lachsfilet mit Haut (etwa 1 kg)
2 EL Pfefferkörner
3 Stängel Rosmarin
3 Stängel (Zitronen-)Thymian
1 große frische Knoblauchzehe
2 Lorbeerblätter

1. Die Zitronen pressen und mit dem Weißwein, dem Salz und dem Zucker verrühren und stehen lassen, bis sich Salz und Zucker gelöst haben. Die Marinade noch einmal gut durchrühren.

2. Das Lachsfilet sorgfältig unter kaltem Wasser reinigen und mit Küchenpapier vollständig trockentupfen.

3. Die Marinade in eine flache, verschließbare Form gießen, in der der Lachs Platz hat. Den Lachs mit der Hautseite nach oben einlegen. Die Pfefferkörner neben dem Lachs verteilen.

4. Die Kräuter kalt abbrausen und trockenschütteln. Die Knoblauchzehe abziehen und in feine Scheiben schneiden. Kräuter und Knoblauchscheiben im Sud verteilen.

5. Den Lachs in den nächsten 48 Stunden viermal wenden, dabei den Sud gut durchrühren.

6. Zum Servieren den Lachs aus der Marinade heben und von der weißen Schicht befreien. Dann zur Haut hin mit einem scharfen Messer (ideal ist ein Lachsmesser, das es im Fachhandel gibt) in dünne Scheiben schneiden. Das geht am besten, wenn man den Lachs an einem Ende an der Haut festhält. Kalt servieren.

Graved Lachs

Dieses Rezept kann jeder Skandinavier im Schlaf. Denn seinen Lachs selbst beizen, den man vielleicht vorher auch eigenhändig gefangen hat, hat in dieser Riesenregion, in der es die schönsten Angelmöglichkeiten gibt, lange Tradition. Das Standardrezept wird allerhöchstens variiert durch den Alkohol, der beim Beizen verwendet wird. Gin, Wodka oder Aquavit sind typisch. Aber vielleicht haben Sie ja mal Lust auf meine Variante mit Tequila.

1. Den Fisch von beiden Seiten unter kaltem Wasser sorgfältig abspülen und mit Küchenpapier trockentupfen. Eine Arbeitsfläche großzügig mit Frischhaltefolie auslegen. Die Lachsseiten passend zum Aufeinanderklappen mit der Hautseite nach unten nebeneinander auslegen.

2. Den Lachs mit dem Alkohol beträufeln und ihn mit den Fingern ins Fleisch reiben. Die Schale der Zitronen abreiben und gleichmäßig auf dem Fisch verteilen. Den Fisch mit dem Salz und großzügig mit Pfeffer bestreuen.

3. Den Dill kalt abbrausen und trockenschütteln. Die Dillbunde nebeneinander auf eines der Filets legen, dann das zweite Filet darüberklappen und alles fest mit der Frischhaltefolie umwickeln.

4. Dieses Paket nun in Alufolie wickeln, in eine passende Form legen, mit Konserven beschweren und 48 Stunden durchziehen lassen, dabei alle 12 Stunden wenden, damit der Fisch gleichmäßig gebeizt wird.

5. Zum Servieren den Fisch aus den Folien wickeln und vom Dill befreien. Die Haut abziehen und die dunkelgraue Fettschicht zwischen Haut und Fischfleisch entfernen. Den Lachs horizontal in ca. 0,5 cm dicke Scheiben schneiden.

Für etwa 10 Portionen
- 2 relativ gleich große Stücke Lachsfilet aus dem Mittelteil mit Haut (insgesamt etwa 1 kg)
- 4 EL Tequila (oder Gin, Wodka oder Aquavit)
- 2 Bio-Zitronen
- 4 EL grobes Meersalz
- Schwarzer Pfeffer aus der Mühle
- 4 dicke Bund Dill

Sardinen in Salz

Kaum etwas würzt so lecker wie gute Anchovis. Aber die Dinger sind selten. Was wir kennen (und die die meisten von uns nicht mögen), sind Anchovis, die in billigem Öl eingelegt unglaublich salzig und manchmal auch unappetitlich ölig schmecken und als Erstes von der Pizza oder aus einem Salat gefischt werden. Frisch heißen sie Sardellen und sind in Deutschland nur in guten Fischgeschäften zu bekommen. Viel lieber sind mir eingelegte Sardinen, die Sie vielleicht aus der ligurischen Küche rund um Genua kennen. Sie würzen ebenfalls, schmecken aber auch pur, mit einem guten Sauerteigbrot oder Baguette und einem frischen Glas Weißwein dazu.

Für ein Einmachglas à 250 ml
8–10 frische Sardinen
100–150 g grobes Salz
(z. B. von Maldon)

1 Die Sardinen kalt abbrausen und trockentupfen. Die Köpfe entfernen, die Sardinen längs aufschneiden und die Mittelgräte herausziehen (bei Bedarf mit einem kleinen Küchenmesser nachhelfen).

2 Eine Schicht Salz in das Einmachglas streuen. Darüber eine Schicht Sardinen legen. Darüber wieder Salz streuen. Den Vorgang wiederholen, bis alle Sardinen aufgebraucht sind. Mit einer dichten Lage Salz verschließen.

3 Das Glas verschließen und im Kühlschrank 3 Wochen durchziehen lassen. In dieser Zeit löst sich das Salz teilweise auf und wird zu einer überaus salzigen Lake.

4 Zum Verwenden die Sardinen portionsweise entnehmen und je nach Wunsch einige Minuten in Milch oder in kaltem Wasser durchziehen lassen, was sie milder im Geschmack macht, oder direkt so verwenden.

Eingelegte Zitronen

In Salz eingelegte Zitronen gehören in die Mittelmeerküche und sind besonders häufig rund um das östliche Mittelmeer und in Marokko zu finden. Sie passen besonders gut in Couscous-Gerichte, aber auch zu Linsensalaten und Oliven. Einige Stückchen reichen schon für einen besonderen Aroma-Kick. Die Zitronen sollten einige Tage durchziehen, bevor sie verwendet werden.

Für etwa 500 ml
2 große Bio-Zitronen
3 Zitronen
80 g grobes Meersalz
3 EL Olivenöl

1 Die Bio-Zitronen heiß abwaschen und abtrocknen. Quer halbieren und vierteln; die Kerne entfernen. Die anderen Zitronen pressen.

2 Die Zitronenstücke in eine Schüssel geben und mit dem Salz bestreuen. Beides in ein mittelgroßes Einmachglas mit Schraubverschluss umfüllen und mit dem Zitronensaft begießen.

3 Bei Zimmertemperatur 7 Tage durchziehen lassen. Dabei jeden Tag gut durchschütteln, damit sich Salz und Zitronensaft vermengen.

4 Zum Aufbewahren Olivenöl zum Versiegeln angießen und das Einmachglas kühl stellen.

TIPP
Achten Sie beim Kauf der Zitronen auf wirklich schön geformte Früchte, denn bei der Präsentation in einem Glas kommen diese besonders gut zur Geltung.

Potted Shrimps

In jedem guten englischen Pub, besonders in der Nähe des Atlantiks oder des Ärmelkanals, wird dieser leckere Imbiss angeboten. Die Shrimps im Rezept sind tatsächlich Krabben. Diese kennt man auch in England. Wenn Sie sie selbst pulen, sparen Sie nicht nur sehr viel Geld, sondern tun etwas für Ihre Fingerfertigkeit und auch etwas für die Umwelt. Herzhaft gesalzene Butter sorgt hier als Versiegelung für die Haltbarkeit. Abgeschmeckt werden diese Krabben relativ würzig, mit Macisblüte, sogar Anchovispaste. Neben Martinis waren Potted Shrimps übrigens das kulinarische Favourite von Commander Bond, James Bond.

Für 4 Portionen
200 g verzehrfertige Krabben oder 600 g Krabben mit Schale
200 g Butter
1 Msp. Anchovispaste oder nach Belieben
1 EL Salz
½ Zitrone
3 Stück Macisblüte
Schwarzer Pfeffer aus der Mühle

1 Gegebenenfalls Krabben mit Schale pulen. Die Butter in einem Topf bei mittlerer Hitze etwa 10 Minuten köcheln. Auf diese Weise wird die Butter geklärt, das heißt, die flüssigen Bestandteile (Molke) werden von den festen getrennt. Vorsicht walten lassen: Die Butter kann anbrennen. Wenn sich an der Oberfläche weißer Schaum absetzt, diesen mit einem Schaumlöffel abschöpfen. Dabei einen Topflappen oder Küchenhandschuh benutzen, denn die Butter kann spritzen und ist sehr heiß.

2 Wenn die Butter ganz klar ist, den Topf beiseitestellen, die Hälfte der geklärten Butter in eine Pfanne abgießen, die Anchovispaste und etwas Salz unterrühren. Die restliche Butter beiseitestellen.

3 Die geklärte Butter in der Pfanne leicht erhitzen. Die Zitrone dazupressen, die Macisblüten zerdrücken und mit etwas Pfeffer unterrühren. Bei leichter Hitze einige Minuten köcheln lassen, bis sie vollständig erhitzt ist.

4 Die verzehrfertigen Krabben auf vier Schälchen oder Auflaufförmchen verteilen. Die gewürzte Butter angießen. Die Schälchen im Kühlschrank einige Stunden durchziehen lassen, bis die Butter fest geworden ist.

5 Die restliche Butter bei Bedarf noch etwas erwärmen, bis sie sich gießen lässt (sie soll aber nicht wieder erhitzt werden), leicht salzen. Diese Butter angießen, um die Potted Shrimps zu versiegeln. In den Kühlschrank stellen und etwa 2 Stunden fest werden lassen.

Schinkenpastete

Diese überaus leckere Pastete (Bild s. S. 152) braucht Zeit. Dafür ist sie aber auch ein echter Hingucker. Ich habe sie das erste Mal zu einer Whisky-Verkostung gebacken. Beim Verzieren können Sie Ihre ganze Kreativität entfalten. Wenn Sie einen guten Metzger haben, wird er Ihnen das Fleisch sicherlich durchdrehen. Da ich einen Fleischwolf habe, drehe ich es lieber selbst durch und verwende dafür die feinste Scheibe. Eine Pastetenbackform wäre ideal, weil sich die Pastete darin leichter einfüllen und lösen lässt. Aber eine große Kastenbackform funktioniert genauso.

Für etwa 10 Portionen
Für die Pastete
350 g fettarmes Schweinefleisch
250 g frischer Speck
Salz
Schwarzer Pfeffer aus der Mühle
3 Stängel Zitronenthymian
1 TL Majoran oder 5 Stängel frischer Majoran
2 Knoblauchzehen
6 Wacholderbeeren
2 rohe Bratwürste
2 EL Butter
Pastetenteig (Rezept s. S. 167)
3 EL Pistazienkerne
400 g rohes Kasseler ohne Knochen
1 Ei
Brühe bzw. Gelee (Rezept s. S. 167)

1 Das Schweinefleisch und den Speck in mehrere Stücke teilen und separat durch den Fleischwolf drehen; alternativ vom Metzger durchdrehen lassen. In eine große Schüssel geben, salzen und pfeffern.

2 Die Kräuter kalt abbrausen, trockenschütteln, die Blättchen fein hacken. Die Knoblauchzehen abziehen und ganz fein hacken. Die Wacholderbeeren zerdrücken. Kräuter, Knoblauch und Wacholderbeeren unter das fein zerkleinerte Fleisch rühren. Die Bratwürste aus der Haut drücken und unterrühren.

3 Eine passende Form sehr gut einfetten. Den Pastetenteig ausrollen und in die Form einpassen, dabei ein gutes Viertel des Teigs für den Deckel zurückhalten. Die Hälfte der Farce (Füllung) einfüllen, dabei auch die Seiten nicht vergessen. 2 EL Pistazienkerne gleichmäßig verteilen.

4 Das rohe Kasseler passend zurechtschneiden: Es wird in die Mitte der Pastetenform gelegt. Über dem Kassler die restliche Farce verteilen und die restlichen Pistazienkerne anstreuen. Den Teig darüber zusammenklappen. Den restlichen Teig ausrollen und als abschließende Teigplatte einpassen.

5 Den Ofen auf 220 °C vorheizen. In die obere Teigplatte zwei Löcher (etwa 2 cm Durchmesser) schneiden. In diese Löcher Zylinder in einer Höhe von etwa 4 cm aus gefalteter Alufolie setzen. Die obere Teigplatte nach Wunsch schön verzieren; dazu eignen sich auch Teigreste, die ausgerollt und in Form gebracht werden.

6 Das Ei verquirlen und die Pastete mit dem Ei bestreichen. 15 Minuten bei 220 °C backen, dann die Hitze auf 180 °C reduzieren und die Backofentür einige Minuten offen stehen lassen, damit der Ofen schnell herunterkühlt. Die Pastete dann noch etwa 40 Minuten backen.

7 Mit einem scharfen Messer oder einem Fleischspieß den Gargrad prüfen. Durch einen Alufolienzylinder in das Fleisch stechen. Das Messer oder den Fleischspieß direkt unter die Unterlippe legen und vorsichtig entlangziehen. Ist es warm, ist das Fleisch gar. Ist das Messer oder der Spieß noch kalt, muss sie noch etwas länger garen. Dann aus dem Ofen nehmen und etwa 1 Stunde erkalten lassen.

8 Die Brühe auf Handwärme abkühlen lassen, dann durch die Alufolientrichter vorsichtig und portionsweise in die Pastete gießen. Die Pastete mindestens 3 Stunden kühlen, bis das Gelee fest ist. In Scheiben aufschneiden.

Pastetenteig

Für den Pastetenteig
500 g Mehl
250 g kalte Butter
1 TL Salz
100 ml Eiswasser
1 Ei

1 Das Mehl auf eine Arbeitsfläche sieben und in der Mitte eine Mulde zum Verkneten formen. Die Butter in Flocken schneiden und in die Mulde geben. Mit Salz bestreuen. Die Hälfte des Eiswassers über die Butter in die Mulde gießen, dann darüber das Ei aufschlagen.

2 Mit einer Teigkarte und den Fingern einer Hand die Zutaten nun schnell zu einem Teig verkneten. Nicht zu lange kneten, sonst verliert er an Geschmeidigkeit. Ist der Teig noch etwas rissig, weiteres Eiswasser unterrühren und den Teig verkneten. Den Teig in Küchenfolie wickeln und im Kühlschrank mindestens 1 Stunde ruhen lassen.

Gelee

Für das Gelee
300 ml Kalbsbrühe
100 ml Apfelsaft
5 Stängel Petersilie
Salz
1 Päckchen gemahlene weiße Gelatine

1 Die Kalbsbrühe mit dem Apfelsaft in einem Topf erwärmen. Die Petersilie kalt abbrausen, trockenschütteln, die Blättchen fein hacken und unterrühren.

2 Den Sud pikant salzen. 50 ml in ein Schüsselchen geben und mit der Gelatine verrühren, bis sie sich löst. Die gelöste Gelatine unter die Brühe rühren und gut durchrühren.

TIPP
Früher wurde Gelee aus Schweinefüßen gewonnen; eine, wie ich finde, ganz perfekte Methode, denn wenn man schon Fleisch isst, dann sollte man doch alles vom Tier verwerten. Man bekommt sie beim gut sortierten Schlachter.

Tomatengelee

Retro vom Feinsten: Dieses Tomatengelee ist ideal für heiße Sommertage, wenn man Appetit auf etwas Würziges hat, aber schon allein der Gedanke daran, ein Tomatenbrot zu essen, viel zu anstrengend ist. Suchen Sie nach richtig aromatischen Tomaten, wie es sie mittlerweile schon auf vielen Wochenmärkten wieder gibt. Ochsenherz oder Cocktailtomaten sind besonders gut. Dieses Gelee macht besonders viel her, wenn Sie es in einer dekorativen Form fest werden lassen und dann stürzen. Servieren Sie nach Wunsch gegrillte oder gegarte Scampi oder Büffelmozzarella in Basilikumöl (Rezept s. S. 141) dazu.

Vorspeise für 4 Personen

500 g aromatische reife Tomaten nach Belieben
1 kleine Schalotte
1 Stängel Staudensellerie
3 Stängel Petersilie
200 ml Hühner- oder Kalbsbrühe
1 TL Pfefferkörner
1 Prise Zucker
1 Prise Cayennepfeffer
Salz
1 Päckchen gemahlene weiße Gelatine

1 Die Tomaten waschen und halbieren. Die Schalotte abziehen. Den Staudensellerie waschen und grob hacken. Die Petersilie mit Stängeln kalt abbrausen. Alles mit der Brühe, den Pfefferkörnern, dem Zucker und dem Cayennepfeffer in einem Topf einmal aufwallen lassen, dann abgedeckt 20 Minuten köcheln.

2 Alles pürieren und durch ein Haarsieb streichen. Salzen und bei Bedarf noch nachwürzen.

3 Die Gelatine mit 4 EL der warmen Tomatenbrühe in einer kleinen Schüssel quellen lassen, dann unter die restliche Tomatenbrühe rühren.

4 In eine dekorative Form füllen und abgedeckt etwa 4 Stunden im Kühlschrank fest werden lassen.

5 Zum Servieren auf eine hübsche Platte stürzen. Löst sich das Tomatengelee nicht aus der Form, die Form ganz kurz in warmes Wasser tauchen.

TIPP
Die richtige Dosierung der Gelatine ist wichtig. Zu viel und Sie meinen, auf Gummibärchen mit Tomatenaroma herumzukauen.

Metzgermeister Schusters Hausmachersülze

Die Metzgerei Schuster in Hamburgs Stadtteil Eppendorf gehört zu den wenigen richtigen Metzgereien der Hansestadt. Rainer Schuster wurstet selbst. Im Reiferaum, den man vom Verkaufsraum einsehen kann, hängen ganze Rinderhälften. So soll ein Metzger sein, findet auch die Zeitschrift »Feinschmecker«, die ihn jedes Jahr wieder auszeichnet.

1. Das Fleisch kalt abbrausen, vollständig trockentupfen. Die Haushaltszwiebel abziehen und in feine Ringe schneiden.

2. Das Fleisch mit den Zwiebelringen und allen übrigen Zutaten außer der Gelatine in ein Gefäß geben und über Nacht durchziehen lassen; dabei darauf achten, dass die Lake das Fleisch bedeckt.

3. Am nächsten Tag die Lake abseihen. Das Fleisch in kleine Stücke schneiden und mit der Lake in einem Topf bei leichter Hitze langsam einmal aufwallen lassen, dann etwa 1 Stunde weich garen.

4. Die Gelatine nach Packungsangabe vorbereiten und unter die auf Handwärme abgekühlte Lake mit dem Fleisch rühren. Alles in kleine Schälchen oder Schüsseln umfüllen und abgedeckt an einem kühlen Ort etwa 5 Stunden fest werden lassen.

TIPP
Früher hat man für die Sülze gekochten Schweinekopf und Pfötchen genommen, heute eher Nacken und Bauchfleisch. Damit das Fleisch nach dem Garen schön rosig aussieht, wird es vor dem Garen über Nacht in der Lake eingelegt.

Für etwa 1 kg Sülze
- 800 g schieres Nacken- und Bauchfleisch
- 1 große Haushaltszwiebel
- 2 EL Pökelsalz (vom Metzger)
- 1 TL Pfefferkörner
- 6 Wacholderbeeren
- 6 Gewürznelken
- 2 Pimentkörner
- 1 EL Zucker
- 250 ml Essig guter Qualität (z. B. Salatessig)
- 50 g Gelatine

Richtig lecker: Reste

Zu viel eingekauft, zu viel gekocht? Das macht nix. Wie Sie aus Resten wirklich Leckeres zubereiten können, erfahren Sie in diesem Kapitel. Das schmeckt nicht nur der Familie, sondern schont auch Ihr Zeitbudget. Denn gekocht haben Sie ja schon …

Der Trick mit den Resten

Kennen Sie das? Natürlich kennen Sie das. Wir alle kennen das. Reste vom Essen werden fein säuberlich in lebensmittelechte Plastikdosen passender Größe verpackt und in den Kühlschrank gestellt. In den kommenden Tagen werden sie gegessen. Das zumindest ist der Plan. In der Realität wandern sie in den kommenden Tagen, regelmäßig mit prüfendem Blick begutachtet, immer weiter, bis sie in der hintersten Ecke gelandet sind. Nach etwa fünf Tagen werden sie ein letztes Mal begutachtet und umgehend weggeworfen, denn nun würde man sich beim Verzehr schon Bauchgrimmen einfangen.

Weg von der Wegwerfgesellschaft

Wir werfen Lebensmittel weg, obwohl wir das gar nicht wollen. Wir haben ein schlechtes Gewissen dabei, denn Lebensmittel wegzuwerfen schadet ja nicht nur dem Portemonnaie. Es schadet auch der Umwelt und ist irgendwie schlichtweg ein Skandal. Es ist einfach nicht richtig, das wissen wir instinktiv. Aber wie geht es anders?

Damit es Ihnen in Zukunft nicht mehr passiert, dass Sie Reste haben und nicht wissen, wie Sie sie verwerten können, haben wir hier zehn Basisrezepte zur pfiffigen und – noch viel wichtiger – leckeren Resteverwertung zusammengestellt.

Wie Sie vielleicht schon beim ersten Draufblicken merken werden, ist allen Rezepten eines gemeinsam: Sie haben mit dem Vorgängergericht, aus dem sie als Rest entstanden sind, gar nichts mehr zu tun. Gemüse wird am nächsten Tag zum Süppchen, Obst wird püriert, fertig gegarte Salzkartoffeln werden zu einer Schweizer Rösti. Aus alt mach neu: Und das ist eigentlich auch schon der ganze Trick.

Grundrezepte statt Aufgewärmtes

Aufgewärmtes mag am nächsten Tag noch schmecken, wenn es sich dabei um einen Eintopf handelt. Bei allen anderen Resten ist Kreativität gefragt, aber garantiert nicht so viel, dass Sie gleich noch fünf Zutaten dazukaufen müssen, um einen Fitzel Fleisch oder einen halben Teller fertig gegarte Pasta lecker verarbeiten zu können. Lecker und aufwendig soll es schmecken und gerne auch schnell gehen; immerhin haben Sie den Rest ja schon mal gekocht.

Hin zum Vorausplanen

Was früher gang und gäbe war, nämlich das Vorausplanen in der Küche, ist zugunsten einer spontanen Kaufentscheidung in den Hintergrund getreten. Und das ist schade, wissen doch Einkaufsexperten, die Supermärkte beraten, dass wir bei einem Shopping-Gang durch einen gut sortierten Lebensmittelladen viel mehr einkaufen, als wir tatsächlich brauchen. Das ist der erste Grund, warum Reste entstehen. Ein schöner alter Einkaufszettel sorgt dafür, dass Sie nicht mehr Geld ausgeben als nötig und Ihr Einkauf überdies nicht zu Lasten der Umwelt geht.

Vorausplanen können Sie aber auch, in dem Sie ganz bewusst Reste anlegen. Reis ist ein Produkt, dass Sie prima vorkochen können. Einmal direkt gekocht serviert, am nächsten Tag mit Eiern und ein bisschen Asia-Feeling zwischen Ingwer, Sojasauce, Sesamöl in der Pfanne kurz gebraten und am Tag darauf beispielsweise mit gedünstetem Spinat und Cashewnüssen angerichtet. Auch hart gekochte Eier halten sich mehrere Tage. Wichtig: Nur 10 Minuten kochen, sonst bekommen sie diesen unschönen dunklen Rand zwischen Eigelb und Eiweiß.

Es muss einfach sein

Um Reste auch wirklich zu verwerten, ist neben ein bisschen Vorausplanung und Kreativität auch etwas anderes wichtig: Es muss einfach gehen. Deshalb sind in diesem Kapitel Grundrezepte angegeben, die Sie nach Belieben erweitern oder verfeinern können. Alles zwischen Bohnen und Braten, Pasta und Panettone kann verwertet und zu wirklich aromatischen und appetitlichen Gerichten werden, ob es nun ein amerikanisches Pausensandwich mit Bratenresten und Pickles ist oder eine Frittata mit Nudeln, ob eine leckere Asia-Pfanne oder Muffins mit Fruchtfüllung. Damit es nicht zu kompliziert wird, ist der jeweilige Rest, aus dem etwas anderes zubereitet wird, relativ allgemein gehalten; Sie müssen also nicht durch Fischrezepte von A bis Z und Aal bis Zander blättern, sondern lassen sich davon inspirieren, was sich von einem Fischrest zubereiten lässt, ganz egal, ob es nun ein Lachs ist, den Sie übrig haben oder ein Stück Seelachs.

Probieren Sie mal *umami*

Um Reste clever zu »verbraten«, ist neben ein bisschen Kreativität dann nur noch eine andere Sache wichtig. Bestücken Sie Ihren Kühlschrank mit einigen würzenden Saucen, Pickles und anderen eingelegten Köstlichkeiten. Damit können Sie die fünf Basisaromen bzw. Geschmacksqualitäten süß, sauer, salzig und bitter, ergänzt durch den aus Japan stammenden sechsten Aroma-Sinn *umami*, der pikant-würzig schmeckt und beispielsweise in Sojasauce steckt, aber auch in Parmesankäse, um viele Varianten erweitern. Bittersüß, süß-sauer, sauer-*umami* beispielsweise.

Die Würze ist wichtig

Ein selbst gemachtes Chutney oder ein Tomatenketchup, der, wenn Sie ihn selbst machen, längst nicht so viel Zucker enthält wie gekaufter Ketchup (dieser hat etwa zwei Esslöffel auf 100 Gramm), passt sehr gut zu bereits gekochten Gemüsen, die einfach püriert und dann durch ein Haarsieb gestrichen werden. Daraus lässt sich ein Süppchen machen oder auch ein Dip. Ein Würzöl wie Rosmarinöl oder Zitronenöl, das Sie vielleicht selbst angesetzt haben, können Sie zum Verfeinern von bereits gegartem Gemüse oder Hülsenfrüchten verwenden. Dann wird aus einem Rest entweder eine würzige Beilage oder, wenn's nur noch einige Löffel sind und Sie vielleicht einen leckeren Salat haben, den Sie dazu anrichten können, ein Appetithappen vorneweg.

Ein Wort zur Lebensmittelsicherheit

Es gibt Lebensmittel, die werden mit etwas Lagerung besser. Andere sollten sofort nach der Zubereitung verzehrt werden – Mayonnaise ist dafür das beste Beispiel. Generell kann Gekochtes aber einige Tage im Kühlschrank gut überstehen, wenn Sie einiges bedenken:

- Die Kühlkette darf nicht unterbrochen werden, vor allen Dingen im Sommer oder bei Sonnenschein.

- Wenn Sie einen empfindlichen Magen haben, dann sollten Sie Lebensmittel, die mehrere Stunden bei Zimmertemperatur oder direkter Sonneneinstrahlung gelagert wurden, nicht weiterverarbeiten, sondern wegwerfen.

- Wenn Sie Reste einfrieren, tauen Sie sie am besten über Nacht im Kühlschrank auf, alternativ in kaltem, niemals in heißem Wasser, und verarbeiten Sie diese zügig.

- Gegartes Gemüse, Fleisch und Fisch halten sich einige Tage in der Kühlung, hart gekochte Eier mindestens 1 Woche, Wurst bis zu 2 Wochen.

Frittata mit Tomatensauce

Eine Frittata lässt sich aus Kartoffeln und Eiern oder aus Eiern mit Gemüse, beispielsweise Zucchini, wunderbar fix und ähnlich einfach wie eine Schweizer Rösti zubereiten. Hier wird sie mit fertig gegarter Pasta gemacht; die Form der Pasta ist dabei relativ egal. Sie können sie mit vielem, was Sie im Kühlschrank haben, aufpeppen oder würzen, beispielsweise einem Schinkenrest oder einigen Löffeln Crème fraîche. Die Tomatensauce können Sie aus ganz reifen, frischen Tomaten machen; alternativ aus Dosentomaten.

1. Die Tomaten in einen mittelgroßen Topf geben und etwas zerdrücken. Die Butter zugeben. Die Zwiebel schälen und halbieren. Alles einmal aufwallen lassen, dann bei leichter Hitze 25 Minuten köcheln, bis die Zwiebel ganz weich ist. Die Zwiebel entweder entfernen oder pürieren und unterrühren; sie sorgt für einen milderen Geschmack.

2. Inzwischen das Olivenöl in einer mittelgroßen, beschichteten Pfanne zerlassen. Die Eier mit der Milch, dem Reibekäse und dem Ketchup in einer Schüssel gut verrühren, salzen und pfeffern. Die Knoblauchzehe abziehen, ganz fein hacken und unterrühren.

3. Die Pasta in die Pfanne geben, die Eiermasse angießen. Die Pfanne mit einem Deckel schließen und bei leichter Hitze etwa 15 Minuten backen, bis die Masse fester ist. Wenden und nochmals etwa 10 Minuten backen.

4. Die Basilikumstängel kalt abbrausen und im Ganzen in die Tomatensauce hängen, noch einige Minuten mitziehen lassen, dann entfernen. Die Tomatensauce salzen und pfeffern.

5. Zum Servieren die Tomatensauce als Spiegel auf Tellern verstreichen, und darüber die Frittata in Scheiben anrichten.

Der Rest:
fertig gegarte Pasta

Für 4 – 5 EL gekochte Pasta brauchen Sie
3 mittelgroße aromatische reife Tomaten oder 425 ml Dosentomaten
60 g Butter
1 kleine Zwiebel
1 EL Olivenöl
2 Eier
150 ml Milch
50 g Reibekäse
2 EL Ketchup
Salz
Schwarzer Pfeffer aus der Mühle
½ Knoblauchzehe oder nach Belieben
4 Stängel Basilikum

# Tomaten mit Couscous-Thunfisch-Füllung

Couscous schmeckt nicht nur frisch zubereitet. Wenn er würzig aromatisiert wurde, vielleicht mit etwas Zitronensaft, Tomate und Olivenöl oder mit Kräutern und frischem Knoblauch, der nicht so streng schmeckt wie herkömmlicher Knoblauch, dann tut diesem aus Nordafrika stammenden Hartweizengrieß eine etwas längere Marinierzeit sogar ganz gut.

Der Rest:
fertig gegarter Couscous

Für 2 EL gegarten Couscous brauchen Sie
2 mittelgroße Tomaten
Salz
1 kleine Dose Thunfisch
2 Stängel Kräuter
    nach Belieben
    (z. B. Petersilie,
    Zitronenthymian)
3 Frühlingszwiebeln
    oder nach Belieben
einige Spritzer
    Zitronensaft
1 TL Olivenöl
1 EL Ketchup
Schwarzer Pfeffer
    aus der Mühle

1. Die Tomaten waschen, den Stängelansatz etwa 0,5 cm kappen, sodass sich die Tomaten befüllen lassen. Die Tomaten mit einem Löffel aushöhlen, mit etwas Salz ausstreuen und abgedeckt auf einem Gitter abtropfen lassen.

2. Den Couscous in eine mittelgroße Schüssel geben und mit dem Thunfisch verrühren.

3. Die Kräuter und die Frühlingszwiebeln putzen und fein hacken. Unter den Couscous rühren.

4. Den Couscous mit etwas Zitronensaft, Olivenöl, Ketchup, schwarzem Pfeffer und Salz nach Belieben würzen und in die ausgehöhlten Tomaten füllen.

TIPP
Mittlerweile gibt es im Supermarktregal Thunfisch, der mit dem MSC-Siegel versehen ist. Dieses Siegel ist international anerkannt. Es bedeutet, der Thunfisch ist so meeresschonend und nachhaltig wie möglich gefangen. Im Preis schlägt sich das im vertretbaren Rahmen nieder.

Bratkartoffeln mit Speck und Majoran

Wenn Sie Kartoffeln vom Vortag übrig haben, ist dieses Rezept perfekt. Älter sollten die Kartoffeln jedoch nicht sein, denn dann schmecken sie zu stark heraus. Frischen Majoran gibt es im gut sortierten Gemüseladen oder auf dem Wochenmarkt. Er besitzt ein feineres Aroma als getrockneter Majoran. Wenn Sie ihn nicht bekommen, schmeckt auch Schnittlauch lecker.

1. Die Schalotte abziehen und ganz fein würfeln. Das Butterschmalz in einer Pfanne zerlassen. Die Schalotte darin bei kleiner Hitze etwa 5 Minuten glasig dünsten.

2. Die Speckwürfel unterrühren und bei mittlerer Hitze 5 Minuten anbräunen. Beides aus der Pfanne heben und beiseitestellen.

3. Die Kartoffeln in feine Scheiben schneiden. Die Butter in der Pfanne zerlassen. Die Kartoffeln in die Pfanne legen, salzen und pfeffern und 10 Minuten anbraten, dann wenden, nochmals einige Minuten braten.

4. Den Majoran kalt abbrausen, trockenschütteln, Blättchen fein hacken und mit den Zwiebel- und Speckstückchen zu den Kartoffeln geben. Kurz durchrühren, dann noch einige Minuten braten, dabei darauf achten, dass die Zwiebeln nicht anbrennen. Falls Sie Schnittlauch verwenden, diesen nicht mitgaren, sondern zu Röllchen schneiden und über die fertigen Bratkartoffeln streuen.

Der Rest:
gekochte Kartoffeln

Für 2 gekochte Kartoffeln brauchen Sie
1 kleine Schalotte
1 EL Butterschmalz
2 EL Speckwürfel
1 TL Butter
Salz
Schwarzer Pfeffer
   aus der Mühle
3 Stängel frischer Majoran
   oder ⅓ Bund
   Schnittlauch

Asia-Reispfanne

Auch dieses Rezept ist ein Basisrezept. Für den fried rice, den Sie sicherlich schon mal auf der Speisekarte asiatischer Restaurants entdeckt haben, können Sie sogar in der TK-Truhe stöbern; vielleicht haben Sie ja noch ein paar tiefgefrorene Erbsen oder Sojabohnenkerne, die gut passen würden. Auch Schinkenreste machen sich hier gut, ebenso Schnittlauch, eine Lauchstange oder einige Frühlingszwiebeln. Mein bester Freund macht es wie viele Asiaten: Er kocht extra mehr Reis, damit er am nächsten Tag aus den Resten dieses Gericht zubereiten kann.

Der Rest:
gekochter Reis

Für 4 EL gekochten Reis brauchen Sie
2 Eier
2 EL Sojasauce
3 EL Pflanzenöl oder
 1 EL Sesamöl und
 2 EL Pflanzenöl
1 kleine Schalotte
1 Handvoll Gemüse
 nach Belieben
4 Stängel Koriandergrün
 oder Schnittlauch

1 Die Eier mit 1 TL Sojasauce in einem Schälchen verschlagen. 2 EL Pflanzenöl oder 1 EL Sesamöl und 1 EL Pflanzenöl in einer beschichteten Pfanne erhitzen. Die Eiermasse wie einen dünnen Pfannkuchen im heißen Öl ausbraten, dann aus der Pfanne nehmen und beiseitestellen.

2 Das restliche Öl angießen. Die Schalotte abziehen und fein hacken. Das Gemüse putzen, waschen und fein hacken. Beides im heißen Öl einige Minuten bei mittlerer Hitze anbraten, dann den Reis zugeben und mit der restlichen Sojasauce ablöschen.

3 Alles gut durchrühren. Den Pfannkuchen in feine Streifen schneiden und unterrühren.

4 Koriandergrün bzw. Schnittlauch kalt abbrausen, fein hacken und unterrühren. Gleich servieren.

TIPP
Koriandergrün und Schnittlauch haben natürlich jeweils ein völlig anderes Aroma und sind auch nicht als Ersatz des anderen gedacht. Für viele Deutsche ist Koriandergrün allerdings noch etwas gewöhnungsbedürftig. Und mit Schnittlauch schmeckt dieser Reis auch.

Feines Gemüsesüppchen

Aus fast allen gegarten Gemüsen und vielen Gemüsekombinationen lässt sich im Handumdrehen ein feines Süppchen machen. Karotten passen beispielsweise zu Fenchel, zu Reis, zu Kartoffeln oder zu Sellerie. Spinat lässt sich mit fast jedem Kraut pikant abschmecken (probieren Sie mal Dill) und mit Milchprodukten zwischen Kefir und Sahne wunderbar pürieren. Sellerieknolle und Kartoffel passen als Püree gut zusammen und ebenfalls, vielleicht abgeschmeckt mit etwas Olivenöl und einem Spritzer Zitrone, als leichtes Süppchen mit etwas Sahne. Pastinaken schmecken gut mit viel schwarzem Pfeffer, einer leichten Brühe und einem Spritzer Säure, alternativ Sauerampfer. Zucchini lassen sich mit etwas Milch oder Sahne und würzigem Käse fein pürieren; auch etwas frischer Knoblauch passt dann gut. Die Möglichkeiten sind wirklich fast unbegrenzt.

Der Rest:
gegarter Blumenkohl

Für 1 Tasse gegarten Blumenkohl brauchen Sie
50 g Walnüsse
2 Scheiben roher Schinken
300 ml Hühnerbrühe
100 g Sahne
1 Prise Muskatnuss
Salz
Schwarzer Pfeffer aus der Mühle
2 EL Crème fraîche

1 Den Ofen auf 180 °C vorheizen. Die Walnüsse auf einem mit Backpapier ausgelegten Blech ausbreiten und einige Minuten backen, bis sie Farbe annehmen. Aus dem Ofen nehmen und grob zerstoßen.

2 Den Schinken auf dem Backpapier auslegen und einige Minuten knusprig backen, aus dem Ofen nehmen und in größere Stücke brechen.

3 Die Hühnerbrühe in einem mittelgroßen Topf erhitzen. Den Blumenkohl hacken, in der Brühe erwärmen, dann die Sahne angießen.

4 Alles mit Muskatnuss, Salz und schwarzem Pfeffer würzen und mit dem Pürierstab oder in der Küchenmaschine fein pürieren.

5 Das Püree durch ein Haarsieb streichen, das gefilterte Süppchen auf 2–3 Suppentassen verteilen und mit den Walnuss- und Schinkenstücken sowie der Crème fraîche garnieren.

Gemüsesalat

Egal ob Sie grüne Bohnen übrig haben oder Hülsenfrüchte wie italienische Riesenbohnen oder Borlottibohnen – daraus lässt sich mit einigen Zutaten ein sehr leckerer Gemüsesalat zaubern, den Sie je nach Menge als Happs auf Löffeln servieren können, als Beilage oder – auf Salatblättern angerichtet – als Vorspeise.

1. Die Knoblauchzehe abziehen und fein hacken. Den Schinken oder die Salami fein würfeln, beiseitestellen.

2. Das Würzöl in eine mittelgroße Schüssel geben und mit den Chiliflocken und dem Balsamicoessig verschlagen.

3. Die Knoblauchstückchen und die Schinken- bzw. Salamiwürfel unterrühren und mit Salz und Pfeffer würzen.

4. Die Bohnen unterrühren. Abgedeckt im Kühlschrank mindestens 30 Minuten durchziehen lassen.

VARIANTE
Das Rezept klappt übrigens auch mit getrockneten Bohnenkernen, beispielsweise einem Rest italienischer Riesenbohnen.

Der Rest:
gekochte Bohnen

Für 3 EL gekochte Bohnen brauchen Sie
½ frische Knoblauchzehe
50 g roher Schinken oder Salami am Stück
1 EL Würzöl, z. B. Rosmarin- oder Zitronenöl (Rezepte s. S. 142 u. 145)
1 Msp. Chiliflocken
1 TL Balsamicoessig
Salz
Schwarzer Pfeffer aus der Mühle

Sandwich mit Pickles, Eiersalat und Fleischfüllung

Für diesen Sandwich eignet sich jeder Bratenrest, ob nun vom Schweinebraten oder vom Rinderfilet. Sie können anstelle des Sandwichbrots auch ein großes Brötchen nehmen oder eine Focaccia.

1. Die Eier in sprudelndem Wasser 9 Minuten kochen. Inzwischen die Salatblätter kalt abbrausen, trockentupfen und in mundgerechte Stücke teilen. Beiseitestellen.

2. Die fertig gekochten Eier kalt abschrecken, pellen, fein hacken und in eine kleine Schüssel geben. Die Mayonnaise und die Pickles unterrühren, den Eiersalat mit Salz und Pfeffer würzen. Das Fleisch fein schneiden.

3. Ein Brötchen oder Brot nach Belieben mit etwas Eiersalat bestreichen, darüber die Salatblätter, das Fleisch und den restlichen Eiersalat anrichten. Die obere Hälfte bzw. die zweite Scheibe Brot daraufgeben, fest zusammendrücken und bis zum Verzehr in Folie gewickelt im Kühlschrank durchziehen lassen.

VARIANTE
Alternativ können Sie die Füllung auch im Wortsinn verwenden und ein größeres Brötchen aushöhlen und damit befüllen. Dann sollte es im Kühlschrank noch etwas durchziehen.

Der Rest:
fertig gegartes Fleisch

Für 2 EL gegartes Fleisch brauchen Sie
2 Eier
4 Salatblätter
2 EL Mayonnaise
2 EL Pickles
Salz
Schwarzer Pfeffer
  aus der Mühle
1 großes Brötchen,
  Focaccia oder 2 große
  Scheiben Brot
  nach Belieben

Fisch-Pie

Dieses kinderleichte Rezept schmeckt auch, wenn man es für sich allein kocht. Besonders an ungemütlichen Tagen ist es lecker und wärmt Herz und Seele.

Der Rest:
fertig gegarter Fisch

Für 3 EL gegarten Fisch brauchen Sie
2 mittelgroße Kartoffeln (idealerweise mehligkochend)
Salz
100 ml Gemüse- oder Geflügelbrühe
Einige Spritzer scharfe Sauce oder nach Belieben
2 EL Erbsen oder Frühlingszwiebeln oder fertig gegarter Spinat oder nach Belieben
1 EL Butter
3 EL Sahne
1–2 EL Reibekäse

1. Den Ofen auf 180 °C vorheizen. Die Kartoffeln schälen, grob würfeln und in wenig Salzwasser 10–15 Minuten weich kochen, abgießen und ausdämpfen lassen.

2. Den Fisch zerpflücken und in eine feuerfeste Form geben. Die Brühe nach Belieben mit der scharfen Sauce verrühren und angießen. Das Gemüse unterrühren.

3. Die Kartoffeln zerstampfen. Erst die Butter und dann die Sahne unterrühren. Die Kartoffelmasse bei Bedarf salzen. Über dem Fisch verstreichen.

4. 20 Minuten backen, dann mit Käse überstreuen und noch 5–8 Minuten backen, bis der Käse goldbraun und geschmolzen ist.

TIPP
Für dieses Rezept eignet sich jeder gegarte Fisch. War er paniert, schmeckt es aber ohne Panade besser, denn sie kann ölig oder fettig schmecken.

Arme Ritter aus dem Ofen

Für dieses leckere Gericht, das am besten direkt aus dem Ofen und bei Minusgraden schmeckt, können Sie von Panettone, Stuten, Rosinenbrötchen bis zu Toastbrot wirklich alles verwenden. Nur Baguettebrot eignet sich nicht so gut, weil das Brot dank der Kruste die Creme nicht gut aufnimmt und schnell verbrennt.

1. Den Ofen auf 180 °C vorheizen. Das Brot in kleinere Stücke teilen. Eine kleine, ofenfeste Form einbuttern. Das Brot hineinschichten und mit Rosinen nach Belieben bestreuen.

2. Die Milch mit der Sahne und den Eiern verquirlen. Diese Creme mit der Muskatnuss, dem Zimt, dem Zucker und dem Vanillearoma würzen und über das Brot gießen.

3. Die Armen Ritter im Ofen etwa 25 Minuten backen, bis sie goldgelb sind und das Brot die Flüssigkeit aufgesogen hat.

TIPP
Übrigens auch ein wunderbarer Nachtisch für Kinder – dann mit den Würzzutaten aber vorsichtig sein. Zimt mögen Kinder meistens schon, aber Muskatnuss ist für viele kleine Gaumen noch eine ungewöhnliche Geschmackserfahrung.

Der Rest:
Milchbrötchen oder Ähnliches

Für 3 – 4 Scheiben brauchen Sie
1 EL Butter
2 EL Rosinen oder nach Belieben
100 ml Milch
100 g Sahne
2 Eier
1 Msp. Muskatnuss
1 Msp. Zimt
4 EL Zucker
4 Tropfen Vanillearoma

Muffins mit Fruchtfüllung

Ob es ein Erdbeerkompott ist oder geschmorte Pflaumen, ob Sie noch eingekochte Stachelbeeren übrig haben oder ein Dessert mit Rhabarber und Himbeeren – fertig gegartes Obst lässt sich perfekt als Füllung für Kuchen und Tartes verwenden. Ganz schnell geht es mit Muffins. Spätestens 30 Minuten nachdem Sie den Backofen angeworfen haben, können Sie sie schon servieren. In diesem Rezept sind die Muffins winterlich aromatisiert und verbergen den Rest von einer großen Schüssel Apfelmus.

Der Rest:
gekochtes Obst

Für 3–4 EL Apfelmus brauchen Sie
150 g Mehl
1 TL Backpulver
1 Prise Salz
60 g Zucker
1 Ei
100 ml Milch
50 ml Pflanzenöl
1 Prise Muskatnuss
1 Prise Nelkenpulver

1 Den Ofen auf 180 °C vorheizen und ein Muffinsbackblech (für 6 Muffins) einfetten. Alternativ mehrere Papierförmchen für einen besseren Halt ineinanderstellen.

2 Das Mehl mit dem Backpulver, dem Salz und dem Zucker in einer Schüssel verrühren. Das Ei mit der Milch und dem Pflanzenöl verschlagen und mit dem Schneebesen unterrühren.

3 Das Apfelmus mit der Muskatnuss und dem Nelkenpulver verrühren und unter den Teig rühren. So lange mit dem Schneebesen rühren, bis alles gut eingearbeitet ist.

4 Den Teig mit einem Löffel in die Muffinsformen füllen und etwa 20 Minuten goldgelb backen.

TIPP
Sie können die Muffins auch mit Zuckerschrift (Fertigprodukt) garnieren – dann sieht es noch weniger nach »Rest« aus.

Stichwortverzeichnis

Fett gesetzte Ziffern
sind Hauptverweise

Alkohol **122–131**, 133
Ameisen 23
Ananas **14**, 19, 91, 111, 155
Apfel **13**, 14, 15, 89, 134
Auftauen 15, 173

Backmatte 19
Backofen 17, 19, 30, 31, 89, 90
Backpapier 19
Bakterien 10, 29, 31, 89, 133
Bananen **14**, 15, 102, 129, 155
Basiswissen 8–23
Beeren **13**, 123, 129, 190
Bindfaden **19**, 134
Blaubeeren 13
Brombeeren **13**, 190
Brot **10**, 11
Brühe 15, **18f.**
Bügelverschluss 19

Champagner 17
Chutney 30

Dachboden 17
Dampfentsafter 19, 37
Dörrautomat 17, **19**, 89, 90f., 105, 190
Dörren **88–91**, 94

Eier **10**, 15, 22, 29, 155, 173
Einfrieren 14f.
Einkaufen 20ff., 172
Einkochen 19, 27
Einlegen 29, 30, 123
Einmachen 20, 22, **26–31**
Einmachglas 19
Einsalzen 29, **152–165**
–, nass 154
–, trocken 154
Einweckautomat 20, 190
Einwecken 29f.
Einzelhandelsfachgeschäft 21

Enzyme 15
Erdbeeren **13**, 27, 123, 155
Essig 29, 133f.

Fisch **10**, 15, 18, 29, 89, 173
Fischfond 18f.
Fleisch **10f.**, 15, 16, 29, 154, 173
Fleur de sel 153
Fliegen 23
Flor de sel 153
Flotte Lotte 19

Geflügelbrühe 18
Gefrierbeutel 13, 14, 23
Gelatine 155
Gelee 21, 27f., 155
Gelieren 155
Geliertest 28
Gelierzucker **27**, 31
Gemüse 11, 14, 15, 21, 22, 29, 30, 90, 172, 173
Geschirrspülmaschine 31, 124
Geschwefelt 89
Getreide 11, 23
Gewürze **12**, 15
Gin 123
Gittereinlage 30
Glasdeckel 30
Grundausstattung 15ff., 18
Grundvorrat 15–19
Gummiring 30

Haarsieb 19
Haltbarmachen 6f., 10, 17, 19, **24–169**
Haushaltssalz 153
Himbeeren **13**, 124, 129, 135

Johannisbeeren **13**, 125, 129

Kandieren 110–121
Kartoffeln **11**, 15, 17, 91, 172
Käse **12**, 15
Keller 11, **17**
Kiwifrüchte 14
Klemmen 20, 30

Knoblauch 11
Kochtopf 27, 30
Konserven 15, 17, **18**
Kräuter **12f.**, 16f., 29, 89, 111f., 133
Küchenhandtuch 19
Küchenmaschine 19
Küchenschrank 11, 12, 14, **15f.**, 23
Küchensieb 19
Küchenzubehör 19f.
Kühlschrank 10, 11, 13, 14, 15, 16, 17, 23, 133, 173

Lagern 10–17
Lagerung 10–17, 111, 123, 134
Lebensmittel-Grundausstattung 15ff., 18
Lebensmittelsicherheit 173

Mangold 11
Marmelade 27f.
Meersalz, grobkörnig 153
Mehl **13**, 23
Melonen **14**, 15, 129
Mikroorganismen 14, 22, 28, 89, 153
Milchsauer **29**, 76
Möhren **11**, 111
Mottenbefall 23

Nüsse 13

Obst 13, 14, 15, 21, 22, 27, 28, 29, 30, 89f., 102, 111, 123ff., 129, 134, 135, 155, 172
Ökologischer Anbau 22
Öl 14, 30, 133

Passiergerät 19
Pektinwert 27
Pilze **14**, 19, 91
Platz 11
Pürierstab 19

Radieschen 11
Regional 20

Relish 30
Reste 12, 18, 134, 155, 170–187
Rettich 11
Rumtopf 123

Saft 19, 37, 135
Saisonal 7, 20, 129
Salat 11
Salz 29f., **153ff.**
Salzlake 154
Sauber 22, 31, 124
Schädlinge 11, **23**
Schalotten 11
Schimmel 23
Schwefeln 90
Sekt 17
Sirup 13, 19, 111, 112, **134f.**
Speisekammer 11, 12, 13, **15**
Spinat 11
Standmixer 20
Sterilisieren 27, **31**, 124

Temperieren 113
Tomaten 11, 18, 19
Trichter **20**, 27, 124
Trockenobst 89
Trocknen 17, 19, **88–91**, 94, 102
Twist-off-Glas 20

Umami 173

Versiegeln mit Öl 30
Verzuckern 110, 120
Vorrat 15–19
Vorratsschädlinge 23

Weckglas 20, 30
Weckgummi 19, 20
Wein 17
Wochenmarkt 20f.

Zitrusfrüchte **14**, 15, 111
Zubehör 19f.
Zucker 27f., 31, 111, 113, 124f.
Zwiebeln 11

Rezeptverzeichnis

Aprikosenchutney 49
Arme Ritter aus dem Ofen 185
Asia-Reispfanne 178

Baklava 112
Bananenbrot 14
Bärlauch-Pesto 79
Basilikumöl 141
Bitterorangenmarmelade 39
Blauschimmel-Feigen-Happen 139
Bratkartoffeln mit Speck und Majoran 177
Brotaufstrich 18

Capellini mit grünem Spargel und Zitronenöl 145
Chocolate Chip Cookies 119

Eingelegte Rosmarin-Zucchini 67
Eingelegte Zitronen 162
Essigfrüchte 73
Estragonessig 136

Feigen-Balsamico 139
Feigenchutney 51
Feines Gemüsesüppchen 180
Fischfond 18
Fisch-Pie 184
Fixe Gurken 60
Frittata mit Tomatensauce 175
Früchte kandieren (Grundrezept) 111
Fruchtkäse 44
Fruchtleder 102
Fruchtsauce aus getrockneten Früchten 95

Geflügelbrühe 18
Gemüsebrühe 18
Gemüse-Relish 59
Gemüsesalat 181
Getrocknete Tomaten in Wein-Kräuter-Sud 106
Gin, aromatisiert 123
Graved Lachs 159
Grünes Wunderpulver aus dem Dörrautomaten 94

Hausmachersülze, Metzgermeister Schusters 169
Himbeeressig 140
Himbeerkonfitüre 36
Himbeerkonfitüre mit Geist 36
Himbeersirup 146
Holunderblütensirup 135

Joghurtkuchen mit kandiertem Ingwer 117
Johannisbeer-Kirsch-Marmelade 37
Johannisbeerlikör 125

Kanadischer kandierter Speck 119
Kandierte Orangen mit Schokoladenüberzug 115
Kandierte Rosenblätter 120
Kandierter Ingwer 117
Kimchi 76
Klassischer Rumtopf 129
Kräutersalz 92
Kürbis-Orangen-Chutney 52

Lemon Curd 42
Limetten-Pickle 68
Löwenzahnsirup von Helene Riedberger 151
Lukullus-Tomaten »mediterran« 66

Madeleines 130
Maisrelish mit Tomaten 54
Marinierter Lachs 156
Marrons glacés 118
Meerrettichsauce 85
Mince Pies 104
Muffins mit Fruchtfüllung 186

Obstgelee 155
Orangenstäbchen 115

Pesto mit getrockneten Tomaten 80
Pflaumensauce 86
Piccalilli 71
Potted Shrimps 164

Querbeet-Kräutertee 96
Quittengelee 32

Rosmarinöl 142
Rotweinzwetschgen mit Haselnüssen 46

Sandwich mit Pickles, Eiersalat und Fleischfüllung 183
Sardinen in Salz 160
Sauerkraut 74
Schinkenpastete 166
Schweinelendchen im Speckmantel in Morchelsauce 109
Selbst eingelegter Fetakäse 142
Selbst gemachte Pilzbutter 108
Smoothie mit getrocknetem Obst und Spinat 101
Soleier 155
Sommerbeeren in Brandy 130
Sommerpastasalat mit Basilikumöl 141
Sommersalat mit Spinat und Himbeeressig 140
Suppengemüse 64

Tannen-/Fichtenspitzengelee 34
Tannen-/Fichtenspitzensirup 148
Tequila, aromatisiert 123
Tomaten mit Couscous-Thunfisch-Füllung 176
Tomatengelee 168
Tomatenketchup 82
Tomatenmarmelade mit Orangen 40
 –, mit Chili und Ingwer 40
Tomatensuppe 18

Verzuckerte Rosenblätter 120

Weihnachtliche Pomander 99
Würzdressing für Kartoffelsalat 136

Zirbenschnaps, Hubert Ziervogels selbst gemachter 131
Zitronenlikör 127
Zitronenöl 145
Zucchini im Glas 62
Zwiebelrelish mit Rosinen 57

Bezugsquellen und Tipps von A bis Z

Achtung, Naturschutz: Nicht alles darf uneingeschränkt in der freien Natur gepflückt werden. Ein gutes Beispiel ist die **Zirbe**, deren Zapfen für den Zirbenschnaps verwendet werden, die aber beispielsweise in einigen Regionen unter Naturschutz steht, weil Ungeschickte beim Pflücken nicht nur Zapfen, sondern auch junge Zweige abbrechen. Drei Zapfen pro Tag dürfen gesammelt werden.

Alles rund ums Backen gibt es im Internet. Besonders empfehlenswert: www.pati-versand.de für Patisserie und www.backwelt.at.

Beeren: Wochenmärkte und Obststände bieten eine große Auswahl, meist von großen Obstplantagen. Brombeeren lassen sich immer noch am besten selbst sammeln. Vor dem Fuchsbandwurm muss laut neuesten Untersuchungen des Robert Koch-Instituts beim Sammeln nicht mehr gewarnt werden.

Bügelflaschen: Sehr dekorativ zum Abfüllen von Schäpsen, Essigen und Ölen. Größte Auswahl im Internet; sonst in Stöbergeschäften.

Chilis gedeihen je nach Sorte und Klima gut auf dem Balkon. Samen gibt es bei www.pepperworld.com.

Dekorationsmaterialien von Bändern bis zu Masking Tape (aus Reispapier) bei Milchmädchen in Hamburg oder im Onlineshop www.milchmaedchen-shop.de.

Dörrautomat: Riesige Preisspanne zwischen 30 und über 400 Euro. Preiswert (steht auch in meiner Küche): www.clatronic.de.

Einweckautomat: Kleinanzeigen sind eine gute und preiswerte Quelle.

Essigmutter: Beim österreichischen Essigspezialisten Gegenbauer (www.gegenbauer.at).

Essigzubehör wie Glasballons etc. im Internet, z.B. bei www.holzeis.com.

Etiketten: Etiketten fürs Büro (z.B. Zweckform) eignen sich gut. Im Internet gibt es für Ungeschickte schön gestaltete Vorlagen (z.B. www.sweet-family.de). Persönliche Etiketten bei Casa di Falcone (www.casa-di-falcone.de).

Fruchtleder: Bereits fertig hergestelltes Fruchtleder gibt es zu kaufen bei www.fruchtleder.de.

Gläser: Besonders dekorative Gläser gibt es bei Cucinaria oder im Internet (www.capcro-glasshop.de). Auch beim »Erfinder« des Einweckens, WECK (im gut sortierten Fachhandel oder im Online-Shop unter www.shop-weck.de).

Öle: Hochwertige Öle gibt es in vielen Reformhäusern und Bioläden. Rapsöl: Teutoburger Ölmühle (www.teutoburger-oelmuehle.de). Olivenöl in Bioqualität aus Kreta: Mani Bläuel (www.mani-blaeuel-shop.com).

Salz: Unbehandeltes Luisenhaller Salz aus Göttingen gibt es bei Manufaktum (Niederlassungen: www.manufaktum.de) oder direkt im Internetshop des Erzeugers (www.siedesalz.de).

Bildnachweis

Alle Fotos von Tanja Bischof, außer:
Fotolia: I. Bartussek S. 20; dream79 S. 116; Eisenhans S. 8/9; emmi S. 107; fotoknips S. 2/3; M. Gojak S. 33; P. Grecaud S. 97; gudrun S. 126; Hetizia S. 65; HLPhoto S. 56; Ch. Jung S. 143; B. Pheby S. 23; photocrew S. 170/171; PhotoSG S. 132, 134; K. Rekowski S. 135 rechts; unpict S. 92
Shutterstock: Africa Studio S. 12; G. Aita S. 150; Ch. Amundson S. 21; AnjelikaGr S. 87, 158; S. Botas S. 17; N. Chernova S. 100; daughter S. 138; Dream79 S. 76; E. Follansbee S. 113; Gayvoronskaya_Yana S. 53; Gutzemberg S. 88; HandmadePictures S. 74; HLPhoto S. 45; jordache S. 24/25, 72; Ch. Jung S. 79; Kesu S. 48; Kuttelvaserova Stuchelova S. 84; V. Lebedev S. 90; margouillat photo S. 110; O. Miltsova S. 154; E. Murtola S. 149; Nanisimova S. 107; PhotoSGH S. 125; Quanthem S. 91; J. Resnick S. 39; C. Restrepo S. 22; sarsmis S. 43; E. M. Tarasova S. 98; teleginatania S. 137; varbenov S. 124; T. Vorona S. 26, 122; Wiktory S. 29, 58, 135 links; Zigzag Mountain Art S. 16
Teubner S. 28 rechts
U. Tölle S. 191 (Autorenfoto)

Über die Autorin

Mit *Das Genießer-Handbuch Haltbarmachen* hat Food- und Reiseautorin **Gabriele Gugetzer** für den BLV Buchverlag bereits das dritte Kochbuch veröffentlicht. Die Rezepte dafür hat sie auf ihren Reisen durch die ganze Welt entdeckt, denn sie schreibt über exotische Länderküchen genauso gerne wie über den Alltag einer Sennerin, über die argentinische Weinregion Mendoza genauso gerne wie über Melbourne und Singapur – nach London ihre zweite Lieblingsstadt, jedenfalls der Küche wegen. Gabriele Gugetzer ist zuständig für das Ressort Food bei der neuen Zeitschrift *Martha Stewart Living* und ist auch als freiberufliche Foodjournalistin für Zeitschriften wie *Slow Food, BEEF!* und das Fachmagazin für das Hotel- und Gaststättengewerbe, *Hogapage,* immer auf der Suche nach mehr als nur Rezepten, nämlich Geschichten und Wissenswertem.

Über die Fotografin

Tanja Bischof ist gelernte Köchin mit Erfahrung aus Sterne- und Gourmetküchen. Seit 1994 hat sie sich auf Foodstyling & Foodfotografie für Kochbücher, Foodmagazine und Werbung spezialisiert.

Impressum

Bibliografische Information der Deutschen Nationalbibliothek

Die Deutsche Nationalbibliothek verzeichnet diese Publikation in der Deutschen Nationalbibliografie; detaillierte bibliografische Daten sind im Internet über http://dnb.d-nb.de abrufbar.

 BLV Buchverlag GmbH & Co. KG
80797 München

© 2014 BLV Buchverlag GmbH & Co. KG, München

Das Werk einschließlich aller seiner Teile ist urheberrechtlich geschützt. Jede Verwertung außerhalb der engen Grenzen des Urheberrechtsgesetzes ist ohne Zustimmung des Verlags unzulässig und strafbar. Das gilt insbesondere für Vervielfältigungen, Übersetzungen, Mikroverfilmungen und die Einspeicherung und Verarbeitung in elektronischen Systemen.

Umschlagkonzeption: Kochan & Partner, München
Umschlagfotos:
   Vorderseite: Stockfood/Kia Nu
   Rückseite: Shutterstock/Quanthem (links);
   Tanja Bischof (rechts)

Lektorat: Stella Rahn
Herstellung: Angelika Tröger
Layoutkonzept Innenteil: Kochan & Partner, München
DTP: Satz+Layout Fruth GmbH, München

Gedruckt auf chlorfrei gebleichtem Papier

Printed in Germany
ISBN 978-3-8354-1234-7

Hinweis
Das vorliegende Buch wurde sorgfältig erarbeitet. Dennoch erfolgen alle Angaben ohne Gewähr. Weder Autorin noch Verlag können für eventuelle Nachteile oder Schäden, die aus den im Buch vorgestellten Informationen resultieren, eine Haftung übernehmen.

Der Grundkurs & viele Rezepte

Ursula Lang
Dörren, Trocknen & Kandieren
Natürliches Konservieren von Obst, Gemüse, Nüssen, Blüten, Kräutern und Gewürzen · Eine Fülle von Rezepten für süße und pikante Köstlichkeiten, für Getränke mit und ohne Alkohol sowie für Gesundheit und Schönheit · Techniken Schritt für Schritt mit vielen Beispielen · Viele Variationsmöglichkeiten und Deko-Ideen.
ISBN 978-3-8354-0971-2